COLLECTION
ROLF HEYNE

Elfie Casty · Bouquet Garni

Elfie Casty

Bouquet Garni

Kulinarische Miniaturen und Rezepte

Collection Rolf Heyne
München

Zeichnungen: Brigitte Gubler, Zürich

Lizenzausgabe für Deutschland und Österreich:
Collection Rolf Heyne GmbH & Co. KG, München
ISBN 3-89910-140-5

Inhaltsverzeichnis

Geliebte Elfie

Buch-stäbliche Amuse-bouches

«Ich weiss um die Verfänglichkeit des Titels. Pikante Geschichten zu erwarten – sozusagen ein erotisches Kochbuch – wäre allerdings zwecklos.» Das hat Elfie Casty 1979 im Vorwort ihres ersten Kochbuchs, «Seitensprünge in der Küche», geschrieben. Auch im Hinblick auf den vorliegenden Band mit einer Sammlung der von Januar 1998 bis Mitte 2000 in der NZZ erschienenen Beiträge in Elfie Castys Kolumne «Bouquet garni» müsste natürlich eine Unterstellung, die Parabeln der Autorin seien zuweilen von beinahe frivoler Art, entrüstet zurückgewiesen werden. Die begnadete Köchin, die es am Herd sehr genau nimmt, ist eben auch eine exakte Beobachterin der Natur, deren Gaben sie mit opulenten Wortgebilden gleichsam zu aquarellieren und uns plastisch vor Augen zu führen versteht. Greifen wird doch aus dem Füllhorn des Angebots einen Star heraus, dem unter der Überschrift «La Primadonna» die Reverenz unter anderem mit folgenden Worten erwiesen wird: «Mal zeigt sie sich zugeknöpft, um sich ein andermal ungebührlich offen zu präsentieren; je nach Jahreszeit kleidet sie sich in klassisches Grün oder avantgardistisches Violett; mal ist sie rund und prall und will entblättert werden, dann wieder so zierlich und entzückend, dass man sie mit Haut und Haar verspeisen möchte.» Ganz klar die Artischocke!

Über ein Starlet liest man: «Sie verhüllt ihren Liebreiz im grünen Kleid und schämt sich ein bisschen ihrer Schwestern. Denn die sind (...) für jedermann zu haben. Doch sie ist anders. Sie ist süss und zart und kokettiert mit Zurückhaltung. Ist ihre Zeit aber gekommen, verzaubert sie ihre Liebhaber mehr als alle andern, mehr als die verwöhnte Spargel, mehr als das freche Radieschen, mehr als die selbstgefällige Erdbeere.» Unzweideutig Pisum sativum medullare, also die winzig kleine Frühlingserbse! Die reiferen, grösseren und mehligen Schwestern, «die kein besseres Schicksal verdienen, als die unglückliche Ehe mit den kugelrunden Karotten einzugehen», sollten sich zusammen mit den Spargeln, den Radieschen, den Erdbeeren und den Lesern, die soeben an etwas anderes als an Artischocken und winzig kleine Erbsen dachten, wirklich schämen!

*

Der amüsante und informative Exkurs über die Erbsen ist unter der Überschrift «Anders als alle andern» erschienen, einem Titel, der für eine Würdigung Elfie Castys massgeschneidert wäre. Denn die Art und Weise, wie diese Frau zum Beispiel in den siebziger Jahren ihre Küchenkarriere begründete, die vom Fondue Bourguignonne in der Bar ihres Tschierys in Davos zu einer anspruchsvollen Nouvelle Cuisine im «Landhaus» in Laret führte, war alles andere als alltäglich: Die Autodidaktin, die «keine Sekunde in einer anderen Küche stand», machte aus ihrem Lokal eines der besten Restaurants des Landes, das von «Relais & Châteaux» als «Relais gourmand» ausgezeichnet wurde. Die aus ihrer Sicht alles entscheidende Begegnung fand 1976 in Crissier mit Fredy Girardet und den dort aufgetragenen Köstlichkeiten statt, und ein grosser Freund und Mentor war ihr der unvergessene Hans Stucki in Basel.

Elfies Abschied vom «Landhaus» aus gesundheitlichen Gründen war für sie und einen Kreis treuer Gourmets betrüblich – der Umstand aber, dass sie nun über Zeit verfügte, ihre Ideen und Rezepte zu Papier zu bringen, hat es unzähligen Liebhabern der Kochkunst ermöglicht, die Magierin am Herd und in der Dichterklause aus der Distanz kennen und, wie man wohl sagen darf, lieben zu lernen. Tschiery Casty könnte sich da vielleicht nicht ohne Stolz sagen, dass es sich bei seiner Beziehung zu seiner Gattin eben ein wenig wie bei den Meisterwerken einer bestimmten Uhrenmanufaktur verhalte, bei der sinngemäss erklärt wird, ein derartiger Schatz gehöre einem nie ganz allein.

*

Im gemütlichen Haus in Klosters, wo Elfie in ihrer Wohnküche oder eher Küchenwohnung für Freunde fabelhafte Gerichte zubereitet, sind eigentlich mehr als Kochbücher entstanden, nämlich Bücher zum Lesen. Und zum Kaufen: Von den vier im Eigenverlag herausgebrachten Titeln wurden bis anhin über 170 000 Exemplare abgesetzt. In dem mit Feu sacré geschriebenen, kapitalen Werk «Geliebte Küche» – für mich das schönste und wohl beste Kochbuch überhaupt – lud die Autorin nach jedem Rezept unter dem Motto «Das Spiel» dazu ein, angegebene Produkte auf Grund des Marktangebots durch andere zu ersetzen. Zu einem Spiel in anderer Form sind nun Perlen der Fabulierkunst geworden, die in den hier wiedergegebenen und von der Verfasserin überarbeiteten Beiträgen der Zeitungsrubrik «Bouquet garni» jeweils zu den vorgestellten Produkten und Rezepten führen.

Wenn zum Beispiel ein Beitrag mit dem Titel «Endlose Küsserei» und dem abschliessenden Rezept für ein «Gemüsefricassée» auf dem Redaktionspult lag, fragte ich mich schon, wie das zusammenpassen sollte. Aber der Brückenschlag war so kunstvoll und exakt wie der Salto mortale vom «feinfühligen Würger» zu den «pochierten Feigen mit Portwein». Apropos Würger: Elfie Casty wäre dank ihrer übersprudelnden Phantasie zweifellos eine Krimiautorin der Extraklasse. Hätte jemand «Grund zum Jubilieren», weil er «unter einer Tanne einen Fliegenpilz entdeckt», so müsste das nicht unbedingt der Mörder sein: In der Nachbarschaft des Pilzes mit dem roten Hut und den weissen Flecken sind, wie im Kapitel «Und man liebt sie doch» nachzulesen ist, meistens auch Steinpilze zu finden. So oder so: Die in Elfies Mordfällen selbstverständlich durch den Magen gehende letzte Liebe wäre sicher so genussvoll, dass die Opfer sie zeitlebens nicht vergessen würden!

Peter Suter

Frühling

La Primadonna

Nein! Sie singt nicht die Violetta an der Scala in Mailand und auch nicht die Königin der Nacht an der Staatsoper in Wien, und doch ist sie ein Star. Sie ist insofern ein echter Star, als sie einerseits von unwiderstehlicher Erscheinung ist und andererseits die ihr zugedachten Rollen meisterhaft zu spielen versteht, was erklärt, weshalb sie von ihren Liebhabern so leidenschaftlich bejubelt wird. Sie ist in der Tat ein kleines Wunder an Vitalität und Vielseitigkeit mit entsprechend facettenreichen Auftritten: Mal zeigt sie sich zugeknöpft, um sich ein andermal ungebührlich offen zu präsentieren; je nach Jahreszeit kleidet sie sich in klassisches Grün oder avantgardistisches Violett; mal ist sie rund und prall und will entblättert werden, dann wieder so zierlich und entzückend, dass man sie mit Haut und Haar verspeisen möchte. Es wird ihr nachgesagt, sie stamme ursprünglich aus Sizilien, habe schon die Römer verzaubert und sei eine veredelte Zuchtform der Distel: die Artischocke.

Ohne Frage sind Artischocken eine grosse Gaumenfreude, und zwar egal, ob es sich um die kleinen «poivrades» oder «les violets» aus der Provence oder um die stupsnasigen «camus» aus der Bretagne handelt. Eigenartigerweise wagen sich aber längst nicht alle Feinschmecker an die Zubereitung der Distel mit dem zarten Herzen heran. Vielleicht liegt es an der Scheu, mit ihr umzugehen, wobei doch alles nur halb so arg ist: Zunächst sollten Sie beim Einkauf auf Artischocken achten, die sich in der Hand prall und schwer anfühlen und über eine Blütenhülle verfügen, die sich eng an die Blütenknospe schmiegt. Solche Merkmale weisen auf Blütenköpfe hin, die erst vor kurzem von der Mutterpflanze getrennt wurden und somit noch voller Inhalte sind. Danach gehen Sie je nach Sorte und Grösse wie folgt vor: Bei jungen, kleinen

Artischocken die äusseren, meist zähen Hüllblätter so lange abzupfen, bis die hellen, zarten Herzblätter sichtbar werden, deren Spitzen – dem vollkommenen Genuss zuliebe – mit einem scharfen Messer abgetrennt werden.

Bei grösser gewachsenen Artischocken – von denen in der Regel nur der Blütenboden verwendet wird – sollten Sie den Stiel derart ausbrechen, dass gleichzeitig die Fasern ausgelöst werden. Danach mit einem scharfen Sägemesser zwei Drittel der Hüllblätter abschneiden, die restlichen Blätter sowie allfällig verbliebene harte Stellen am Blütenboden mit einem kleinen Messer entfernen. Das auf dem Blütenboden sitzende sogenannte Heu mit einem Löffelchen auskratzen. Während dieser Vorbereitungsphase ist es wichtig, alle Schnittstellen sofort mit Zitrone vor dem Schwarzwerden zu schützen. Aber auch beim Kochen von Artischocken ist es ratsam, dem Kochwasser nicht nur Salz, sondern zusätzlich – jedoch mit einiger Zurückhaltung – etwas Zitronensaft beizufügen. Das Gemüse ist gar, wenn eine feine Fleischgabel wie durch Butter in den Blütenboden dringt. Auf klassische Art – noch lauwarm mit den Hüllblättern – serviert, werden Artischocken meist von einer Sauce Hollandaise oder Vinaigrette begleitet. Für die Blütenböden hingegen kennt die Primadonna ein einmalig schönes Repertoire, das in vielen kulinarischen Libretti nachzulesen ist. Aber auch das neue Stück ist höchst geschmackvoll inszeniert.

Artischockenragout

Pro Person 2 rohe Artischockenböden und 3 geschälte kleine Frühkartoffeln in ca. 3 mm dünne Scheiben schneiden. In einer möglichst weiten Bratpfanne ein Stück Butter aufschäumen lassen, Artischocken und Kartoffelscheibchen zufügen, vorsichtig salzen und unter ständigem Bewegen der Pfanne so lange sautieren, bis die Kartoffeln und Artischocken gar sind und eine Farbe wie Honig angenommen haben. Zum Schluss behutsam mit frisch gemahlenem weissem Pfeffer würzen und – so verfügbar – mit stark reduziertem Kalbsjus beträufeln. Mit einem Stück gebratenem Wildlachs serviert – wer wollte auf dieses kulinarische Glück verzichten!

Alles hat seine Zeit

Einst war es die Neugier auf die Freuden des Lebens, später die Hingabe an die Freuden der Tafel. Einst ging es um das Begreifen der Zusammenhänge in der Liebe, später um das Verstehen der sinnesfrohen Lust am Kochen. Doch inhaltlich muss deswegen keine Rangordnung erstellt werden, denn sowohl die Liebe als auch die Lust am Kochen schlagen wechselseitige Brücken zur Lebensfreude. Der Weg dahin führt meist über die gelebten Erfahrungen, oft auch über das geschriebene Wort, stets aber zu Erkenntnissen. Nirgends sind die Bausteine solcher Brücken deutlicher zu erkennen als in Giovanni Boccaccios «Decamerone». Damals, als sich der junge Geist Fragen über die Liebe stellte, gaben die hundert weltberühmten Novellen – allein schon mit ihren Holzschnitten voller Sinnenfreuden – ausreichend Antwort. Im Laufe der Zeit liessen die Texte aber auch Einsichten in die Welt der Küche zu.

Besonders auf der grünen Kräuterwiese entwickelte der Dichter und Humanist Boccaccio (1313–1375) unendlich viel Phantasie. Oder war es vielleicht doch nicht nur ein schöpferischer Einfall, über Ordensbrüder und Glaubensschwestern zu schreiben, die trotz ihrer asketischen Lebensweise in den Kräutern aphrodisische Wirkungen entdeckt haben sollen? Doch Boccaccio lässt den Leser nicht nur hinter die dicken Klostermauern des Mittelalters schauen und respektlose Schlüsse ziehen. Im «Zehntagewerk» wird vor allem die Geschichte von sieben Töchtern und drei Jünglingen aus gutem Hause erzählt, die aus Angst vor der Pest beschliessen, Florenz zu verlassen und hinauf in die Hügel der Toskana zu fliehen. Um sich die Zeit zu vertreiben, einigen sich die jungen Menschen, abwechselnd von ungewöhnlichen Ereignissen zu berichten. Mal war die Gesellschaft entzückt über

Geschichten, in denen Liebende unter nach Jasmin und Rosen duftenden Laubengängen wandelten, mal war sie zu Tränen gerührt ob dem Schmerz, den unglückselig Verliebte zu erleiden hatten.

Von besonders grossem Kummer waren die anmutigen Damen und Herren nach der «Fünften Novelle des vierten Tages» erfüllt. Denn ausgerechnet das Kräutlein Basilikum, das normalerweise mit seinem Wohlgeruch die Seele heiter stimmt und dem Gaumen auf unnachahmliche Weise schmeichelt, spielt darin eine jämmerliche Rolle! Die Geschichte handelt von Lisabetta, die den Kopf des von ihren Brüdern ermordeten Geliebten aus der Erde grub, ihn in einen Topf steckte, mit frischer Erde bedeckte und darauf mehrere Stämmchen vom schönsten Basilikum pflanzte. Sie begoss die Pflänzchen so lange mit Tränen und Rosenwasser, bis das Basilikum genauso schön blühte wie einst ihre Liebe zu Lorenzo. Doch als dies ihre Brüder entdeckten und zu deuten wussten, nahmen sie ihr den Topf weg und Lisabetta starb nach kurzer Zeit.

Alles hat eben seine Zeit. Auch das Basilikum. Nie duftet es schöner als in diesen Frühlingstagen, aber bitte nur für das Glück des Gaumens!

Basilikumbutter

200 g küchenwarme Butter in einer Schüssel mit dem Schneebesen schaumig schlagen. Vorsichtig mit Salz, einer Spur Curry und einem Hauch Cayenne würzen und mit ein paar Tropfen Zitronensaft aromatisieren. 100 g gezupfte Basilikumblättchen in möglichst feine Streifen schneiden und unter die Butter mischen. Ein Stück Alufolie in der Grösse von etwa 30x40 cm auf den Arbeitstisch legen, die Butter mit einem Teigschaber in einem Streifen auf das erste Drittel der Folie setzen, die Butter in die Folie einrollen, die beiden Folienenden abdrehen, dabei sanften Druck ausüben, damit sich die Butter in der Folie zu einer festgefügten Masse formt. Die Basilikumbutter lässt sich im Kühlschrank ein paar Tage, im Tiefkühlfach bis zu drei Wochen aufbewahren und bei Gebrauch problemlos in Scheiben schneiden.

«Selon mes amis Troisgros»

Zitate sind meist literarischen Ursprungs. Um dem Verfasser eines Werkes gerecht zu werden und einen geistigen Diebstahl zu verhindern, ist es üblich, wörtlich angeführte Stellen nicht nur zwischen Anführungszeichen zu setzen, sondern vor allem mit dem Namen des Autors zu versehen. Doch manchmal kann ein Plagiat auch ganz nützlich sein, zumal wenn gleich die Übersetzung zur Urschrift mitgeliefert wird, wie ein Beispiel zeigt: Zu seinen kulinarischen Präferenzen befragt, soll der französische Schriftsteller Gustave Flaubert (1821–1880) zum Spinatgemüse geantwortet haben: «Je ne l'aime pas, et j'en suis bien aise, car si je l'aimais, j'en mangerais et je ne puis le souffrir.» Und was glauben Sie, wie ein Zitat seines jüngeren Zeitgenossen, Alphonse Allais, lautet? «Ich mag keinen Spinat, und ich bin froh darüber. Denn würde ich Spinat mögen, würde ich ihn auch essen, und da ich ihn nicht mag, wäre mir das schrecklich unangenehm.» Nun war Allais nicht nur Schriftsteller, er war vor allem Humorist, so dass anzunehmen ist, er habe Flaubert nicht wirklich geistig berauben, sondern mit seinen Worten nur spielen wollen.

Wie dem auch sei; was in der Literatur, in der Musik, in der Malerei wie überhaupt in allen Künsten gelegentlich vorkommt, führt in den Küchen zu richtigen Raubzügen. Und damit sind nicht etwa die Rezepte in den unzähligen Kochbüchern gemeint, die ohnehin austauschbar sind: Ein anderes Kräutlein hier, ein anderes Gewürz dort, und schon zeugt ein Rezept vom Einfallsreichtum des Verfassers. Oh, nein! Ich denke an die Kreationen wirklich grosser Köche und die Kopien auf fremden Tellern. Wie einfach muss es sein, sich wie Bocuse, Girardet oder Robuchon zu fühlen – oder muss man vielleicht nur selbst daran glauben und hoffen, es habe keiner das Auge für den Schein? Andererseits ist es natürlich legitim, sich an Vorbildern zu orientieren, so, wie sich auch geniale Köche bei alten Meistern orientieren mussten, was heisst, dass auch bei ihren Gerichten nicht ausnahmslos von Neuschöpfungen gesprochen werden kann. Und doch haben eine Handvoll Köche durch ihre Genialität so unendlich viel in den Küchen bewirkt und unsere Erfahrungswelt verändert, dass sie es verdienten, wenn vor allem die getreu nachgebildeten und nachgekochten Gerichte auf der «Carte des mets» nach ihnen benannt würden, wie es «les phallocrates» in Frankreich untereinander tun, was auf respektvolle Freundschaft schliessen lässt.

Am Beispiel von einem besonders feinen Gemüse, dem Frühlingsspinat, kann schlecht gemogelt, um so meisterlicher gekocht werden. Denn kurz in Butter sautiert, vorsichtig mit Salz, wenig weissem Pfeffer, etwas frisch geriebener Muskatnuss gewürzt und mit einer Gabel, an der eine Knoblauchzehe steckt, gerührt, schmecken die ersten zarten Spinatblättchen ohnehin am köstlichsten. Oder Sie probieren das Originalrezept der Frères Troisgros in Roanne, und schon gehören Sie zu den ganz Grossen unserer Zeit.

Salade d'épinards nouveaux

Für 4 Personen: 250 g Frühlingsspinat entstielen, in viel kaltem Wasser waschen, auf einem Sieb abtropfen lassen und in einem Küchentuch gut trocknen. 2 Eier hart kochen, schälen, das Eiweiss vom Eigelb trennen und hacken. Für die Sauce in einer kleinen Schüssel die beiden gekochten Eigelbe, 1 TL Dijonsenf, ½ dl Zitronensaft, Salz sowie frisch geriebenen Pfeffer gut verrühren, 1 ½ dl feinstes Olivenöl mit einem Schneebesen in kleinen Mengen dazuschlagen. 120 g Räucherspeck in feine Scheiben schneiden. Die Spinatblätter mit der Sauce in einer Schüssel mischen («les remuer en les fatiguant», was bedeutet, dass der Spinat ruhig zusammenfallen darf) und mit dem gehackten Eiweiss bestreuen. Die Speckscheiben in einer Bratpfanne knusprig braten und zum Salat geben. Das überschüssige Fett abgiessen, den Bratsatz in der heissen Pfanne mit ½ dl Weissweinessig auflösen und den Salat damit beträufeln. Alles nochmals gut durchmischen und sofort servieren.

Ein teuflisch schönes Gefühl

Zeitgeist – meint mein Lexikon – sei eine sich in den Erscheinungen eines Zeitalters offenbarende Gleichartigkeit der geistigen Haltung, des Stils und der Lebensform. So gesehen ändert sich der Zeitgeist, bleibt aber als Teil der Zeitgeschichte bestehen. Über den Begriff Zeitströmung hingegen verliert mein Nachschlagewerk kein Wort, vielleicht, weil ihre Erscheinungsformen durch die Geschwindigkeit der Strömung an Wirksamkeit schnell verlieren oder durch die Wirbelbildung ein für allemal in die Tiefe gezogen werden. So betrachtet hinterlassen Zeitströmungen – im Gegensatz zum Zeitgeist – keine Spuren. Wer wollte sie angesichts ihrer Bedeutungslosigkeit auch vermissen! Andererseits sind Zeitströmungen dazu gemacht, die eigene Kondition zu testen – was glauben Sie, wie viel Energie es braucht, nicht mit den Strömungen, sondern ihnen entgegenzuschwimmen! Sich gegen den Stromlauf zu sperren kann aber auch Spass machen. Selbst wenn man dabei den Verlust des Ansehens oder der Glaubwürdigkeit riskiert, ist es nämlich ein teuflisch schönes Gefühl, ungeachtet aller Anstrengungen um Schlankheit und Fitness immer und immer wieder über die Freuden des Gaumens zu schreiben. Wie verdorben muss ein Wesen zudem sein, das ausgerechnet dann mit Zucker ein Spiel treibt, wo Messband und Waage eine süsse, selige Sattheit scheinbar nicht zulassen! Die Betonung liegt auf scheinbar; denn wer kann schon beim Anblick einer Schüssel voll Gebrannter Crème der Versuchung widerstehen, davon zu naschen!

Eine Gebrannte Crème ist zwar im Zeitraum eines Augenblicks zubereitet, und doch ist sie ein kleines Kunstwerk, und dies weniger im schöpferischen oder darstellenden als im ausübenden Sinn gemeint. Es geht nämlich um die Kunst, dem Zucker den vollkommensten

Wohlgeschmack zu entlocken. Die Zutaten und das Vorgehen finden Sie im nachfolgenden Rezept, nicht aber die Anleitung, wie Sie die lauernden Gefahren erkennen und die Gratwanderung unversehrt überstehen können. Ich kann Ihnen Sicherheit geben, vorausgesetzt, es gelingt mir, das geschriebene Wort mit Hilfe Ihrer Phantasie bildhaft umzusetzen:

Der Zucker wird in einer kleinen Chromstahlpfanne bei milder Hitze so lange geschmolzen, bis er eine Farbe wie Honig annimmt. Damit ist der Augenblick gekommen, den Vorgang höchst konzentriert zu beobachten; denn der Zucker hat sich inzwischen so sehr erhitzt, dass die goldene Farbe binnen Sekunden in ein tiefes Braun übergeht. Ebenso unvermittelt zeigen sich weisse Schaumkrönchen. Es ist ein Punkt erreicht, dem man fast ein bisschen wehrlos gegenübersteht, den man fast nicht mehr aushält, und doch muss das Abenteuer ausgestanden werden. Erst wenn die Schaumkrönchen die ganze Oberfläche überzogen haben, also kurz bevor der Zucker zu verbrennen und bitter zu werden droht, darf das Spiel mit dem Feuer beendet und mit Milch und Rahm gelöscht werden. Es zischt und brodelt, die innere Spannung löst sich, und das teuflisch schöne Gefühl, der Zeitströmung ein Schnippchen geschlagen zu haben, stellt sich spätestens dann ein, wenn die samtene, wohlschmeckende Herrlichkeit endlich Ihren Gaumen umschmeichelt.

Gebrannte Crème

75 g Zucker – wie im Text beschrieben – caramelisieren, mit 2 dl Milch sowie 1 dl Rahm ablöschen und so lange köcheln lassen, bis sich der Zucker vollständig aufgelöst hat. In der Zwischenzeit 3 Eigelb und 50 g Zucker mit dem Schneebesen zu einer weissen Crème schlagen, 1 TL Maizena unterheben, die Milch- Rahm-Mischung dazugeben, kurz durchmischen, zurück in die Pfanne giessen und nun bei kleiner Hitze, unter ständigem Rühren mit einem Holzlöffel, so lange erwärmen, bis eine Bindung entsteht. Die Crème danach durch ein feines Drahtsieb in eine Schüssel abseihen und völlig erkalten lassen. Zum Schluss 1 dl geschlagenen Rahm unterheben und 4 bis 6 glücklichen Schleckmäulern servieren.

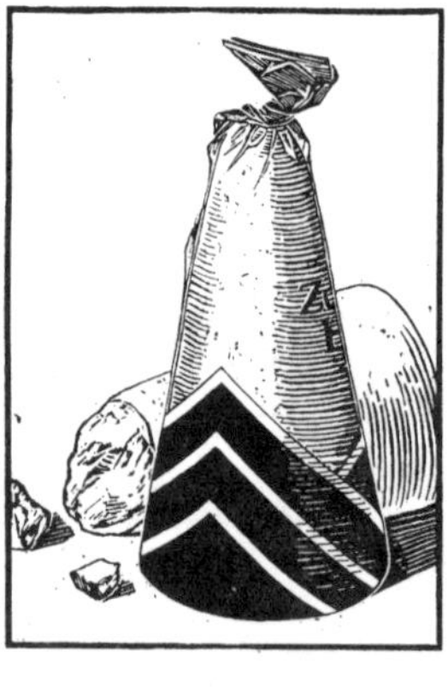

Es grünt so grün

Mit der volkstümlichen Symbolik der Farbe Grün lässt sich prächtig fabulieren, was sich ungefähr so anhören kann: Wer links steht, ist demjenigen, der rechts steht, nicht ganz so grün, ausserdem ist Grün die Farbe der Grünen, auch wenn Grüne zuweilen zur Mitte hin joggen. Dass unabhängig von Ideologien alle eines Tages zusammenkommen könnten, ist deshalb kein absurder Gedanke, weil Grün, wie der Volksmund meint, die Farbe der Hoffnung ist. Ob es geeinigte Rechte, Linke und Grüne allerdings auf einen grünen Zweig bringen würden, bliebe abzuwarten. Eines aber haben sie unbestritten gemeinsam: Wenn es so grün grünt wie in «My Fair Lady», wird jeder zu einem Mr. Higgins und kann nur schwerlich einer Eliza widerstehen, so wie es um jede Eliza geschehen ist, wenn sie dem richtigen Mr. Higgins begegnet. Denn Grün ist vor allem die Farbe des Frühlings, und was sich da tut, haben Dichter längst beschrieben und Komponisten längst in Töne umgesetzt. So oder so weckt die Farbe Grün Assoziationen, kann volkstümlich dieses oder jenes meinen, den ursprünglichsten Zugang zum Frühjahr aber findet man über die Farbensymbolik; denn dort bedeutet Grün die Farbe der jungen Saat, des Wachstums, der Reife und des Lebens. Auf den Kreislauf der Pflanzen betrachtet, ist der Frühling der blühendste, mit seiner Kräuterapotheke aber auch der duftendste Abschnitt der vier Jahreszeiten.

Natürlich weiss ich, dass grosse Küchenmeister der Ansicht sind, der Umgang mit Kräutern habe sehr behutsam zu geschehen. Dagegen fühle ich mich wie ein Ausrufer aus alten Zeiten dazu gemacht, durch sämtliche Gassen zu gehen und den Bürgern zuzurufen: «Seid geduldig! Auch wenn ihr des Kochens unkundig seid, werdet ihr doch zu ganz geschickten Köchen. Ihr braucht nur mit Kräutern zu kochen!» Wie schön, sich vorzustellen, dass sich alle Fenster öffnen und die Bürger an die Kunde glauben würden! Denn dann legten sie sich einen Umhang und gute Schuhe an, gingen durch Flur und Wiesen und bückten sich nach blühendem Borretsch und wildem Sauerampfer, nach duftendem Bärlauch und jungem Löwenzahn. Andere wiederum besorgten sich Kräuter wie etwa Basilikum, Thymian, Majoran, Kerbel und Rosmarin in Töpfchen, stellten sie auf Balkone oder in Fensternischen, pflegten, hegten und ernteten – und aus den Kaminen stiegen plötzlich würzige Räuchlein auf, so dass über allen Dächern der Stadt ein sinnesberauschender Küchenduft läge! Was sagte doch schon Johann Wolfgang von Goethe? «Märchen, noch so wunderbar, Dichterkünste machen's wahr.» Natürlich bin ich kein Dichter, aber es macht mir immer wieder Freude, das Kochen wie ein Märchen darzustellen. Nicht etwa, weil ich die mit Kochen verbundene Arbeit unterschätze, sondern weil es den Menschen manchmal leichter fällt, an die Erkenntnisse aus Märchen als an dogmatische Lehren zu glauben.

Emincé aux herbes

Für 2 Personen benötigen Sie etwa 200 bis 250 g weisses Fleisch, zum Beispiel von einem Kaninchen, einem Kälblein oder von einem feinen Huhn. Das von allen unliebsamen Teilen befreite Fleisch in etwa ½ cm dünne Blättchen schneiden. Eine in feine Ringe geschnittene Frühlingszwiebel in einer weiten Bratpfanne in Butter zu goldener Farbe anziehen und bis zum weiteren Gebrauch auf einen Teller heben. Das Fleisch vorsichtig mit Salz und einer Spur Curry würzen, wenig Öl zur restlichen Bratbutter fügen, die Hitze erhöhen und das Fleisch in der brutzelnden Butter-Öl- Mischung sekundenschnell sautieren.

Zum Schluss die gedünsteten Zwiebeln sowie eine Handvoll gezupfte bzw. fein geschnittene Frühlingskräuter zufügen und diese nur kurz zusammenfallen lassen. Fleisch und Kräuter auf vorgewärmten Tellern anrichten. Ein Stück Butter in der Bratpfanne so lange erhitzen, bis sie nach Nüssen duftet, mit frisch gemahlenem Koriander und weissem Pfeffer aus der Mühle würzen, mit ein paar Tropfen Zitronensaft aromatisieren und das Fleisch damit überschmelzen.

Der Hochzeitstanz

Sie hat, wie dies bei Königinnen wohl üblich ist, viele Privilegien. Auf ihrem Hochzeitsflug beispielsweise darf sie mindestens sechs Männchen verführen und zu allem Überfluss auch noch auf das Verständnis ihres Volkes zählen. Sie tanzt dabei mit ihren Geliebten den Verständigungstanz, den Rundtanz und Schwänzeltanz und vertreibt sie nach den Freudentagen in der sogenannten Drohnenschlacht aus ihrem Staat. Zurück in ihrem vom Volk errichteten Bau aus sechseckig-säuligen Kästchen und einem plattenförmigen, zweischichtigen Gefüge, legt sie sich in ihre Wabe und beginnt – für normale Königinnen nun doch etwas weniger üblich – Eier zu legen. Was danach geschieht, ist die wunderbare Geschichte der Larven, Puppen, Drohnen, Arbeiterinnen, Königinnen und schliesslich des unergründlichen Sonnenzuckers, des Honigs.

Der Honig muss eine unendlich lange Geschichte haben. In der Literatur erfährt man zum Beispiel, dass Felsbilder aus der Altsteinzeit bekannt sein sollen, die Menschen beim Ausplündern von Bienennestern zeigen. Ägyptische Reliefs aus der Zeit um 2600 v. Chr. wiederum weisen mit zylindrisch geformten Bienenkörben eindeutig darauf hin, dass die Bienenzucht schon damals mit grosser Hingabe betrieben wurde. Im alten Griechenland hingegen soll vor allem der Honig von Wildbienen beliebt gewesen sein, während die Kunst der verfeinerten Bienenzucht den Römern zugeschrieben wird. Sie waren es auch, die in wissenschaftlichen Studien die enorme Bedeutung des Bienenwachses für die Beleuchtung der Kirchen erkannt hatten. Und weil es viele Gotteshäuser zu erhellen gab, wurden die Mönche das ganze Mittelalter hindurch angehalten, stets grosse Mengen davon bereitzuhalten. Dass sich die Ordensleute dabei am Nebenprodukt Honig erfreuen durften, ist anzunehmen. Aber es gab auch Zeiten, in denen der Honig allein den reichen Leuten vorbehalten blieb, bis er zu Beginn des 19. Jahrhunderts durch den Rohrzucker Konkurrenz bekam, schliesslich verachtet und nur noch als Heilmittel verwendet wurde. Und heute?

Ob wir ihn als Husten- oder sonstiges Heilmittel verwenden oder ob er in der süssen oder gesalzenen, vorwiegend asiatischen Küche genutzt wird, wir haben gelernt, den Honig mit seinen unterschiedlichsten Düften und Aromen als eines der erstaunlichsten Geschenke der Natur zu begreifen.

Der Honig hat aber auch unsere Sprache beeinflusst. Zwar ist manches nicht immer zum Honiglecken, und auch Sprichwörter wie «Der Honig ist nicht weit vom Stachel» oder «Honig im Munde, Gift im Herzensgrunde» zeigen, dass es gelegentlich ratsam ist, honigsüssem Lächeln mit Vorsicht zu begegnen. Wie schön aber geht die Sprache mit dem Honig um, wenn sie die Honigzeit, die Honigwoche oder den Honigmond meint. Denn dann geht es sowohl bei den Bienen als auch bei den Menschen um die blühende Zeit, in der die Liebe zum Hochzeitstanz bittet.

Honigparfait mit Beerensauce

Für das Parfait 2 dl Rahm steif schlagen und kalt stellen. 100 g Blütenhonig und zwei ganze Eier in einer Schüssel mit rundem Boden, die auf einem Wasserbad mit leise köchelndem Wasser sitzt, mit dem Schneebesen so lange schlagen, bis sich Honig und Eier zu einer luftigen Crème verbinden. Die Crème danach durch ein feines Drahtsieb in eine andere Schüssel streichen und in einem Eiswasserbad erst kalt schlagen, bevor der Rahm behutsam unter die Crème gehoben wird. Die Parfaitmasse in eine entsprechend grosse Form (Gratin-, Parfait-, Soufflé- oder Cakeform) füllen und während mindestens acht Stunden im Tiefkühlfach durchkühlen lassen. Für die Beerensauce etwa 250 g vollreife Beeren – Himbeeren, Erdbeeren, Brombeeren oder was der Markt gerade bietet – verlesen und mit Puderzucker (je nach Zuckergehalt der Früchte) sowie ein paar Tropfen Zitronensaft kurz pürieren und durch ein feines Drahtsieb streichen. Das Honigparfait aufschneiden, auf vorgekühlte Teller legen und mit der Beerensauce umgiessen.

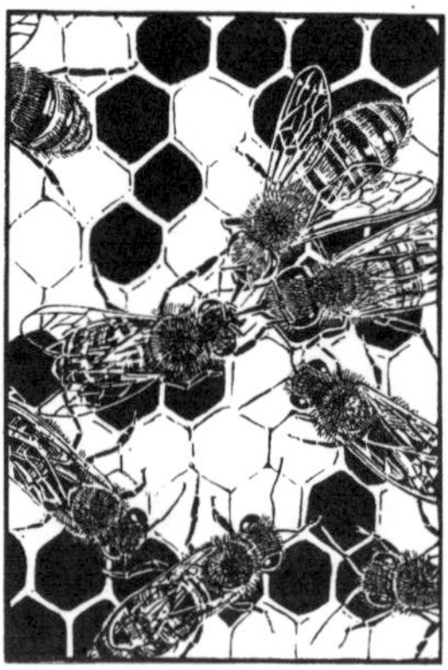

Mutters Töchter

Bevor sie sich eng an Mutter schmiegen, ziehen sie sich ein papierartiges Häutchen über, umhüllen sich zusätzlich – je nach Erbanlage – mit weissen oder rosa-violetten Blättern, um dann als geschlossene, ungemein duftende Gemeinschaft aufzutreten. Selbst mit ihrem zwiespältigen Ruf, den sie und Mutter geniessen, spielen sie im grünen Paradies eine so bedeutende Rolle, dass sich niemand ihrem Zauber entziehen kann. Nicht ihre Liebhaber und nicht ihre Gegner. Für die einen bedeutet schon das Einatmen ihres Duftes heitere Lebensfreude, während bei den anderen der Anblick allein heiliges Entsetzen bewirkt. Die Rede ist von Töchtern, die von geniesserischen Gaumen so sehr geliebt werden, dass diese die Erntezeit nicht erwarten können, während andere noch heute glauben, dass sie «schädlich und cholerischen Menschen abträglich sind» – die Knoblauchzehen am Bauch der Mutterzwiebel.

Die Geschichte des Knoblauchs, einer der ältesten Kulturpflanzen überhaupt, ist längst geschrieben. So soll der Knoblauch von den Ägyptern über alles geliebt und von den Römern begeistert gefeiert worden sein. Nur von den feinen Zungen der Griechen wurde er gemieden, so sehr, dass niemand einen geweihten Tempel betreten durfte, der nach Knoblauch duftete. Solches wusste der Schriftsteller Athenäus (um 220 n. Chr.) in seinem Werk «Gastmahl der Gelehrten» zu berichten.

Doch schon der Dichter Horaz (65 v. Chr.) soll gegen den Knoblauch gewettert haben, aber nur, weil er den Magen damit verdorben hatte. Und von Alfons XI., König von Kastilien, wird erzählt, er habe 1330 aus Rücksicht auf seine Geliebte Leonore einen Orden gestiftet, in dessen Statuten ein Paragraph enthalten war, laut dem Ordensritter, welche Knoblauch gegessen hatten, bei Hofe nicht geduldet wurden. Es scheint, als wären Leute von Rang und Namen schon immer überzeugt gewesen, diese «widerliche Zutat sei ausschliesslich den Bauern, den Soldaten und den Seeleuten» zu überlassen. Wie schön, ein Bauer, ein Soldat oder ein Seemann zu sein und nicht zu den Leuten von Rang und Namen zu gehören!

Denn was wären unsere kulinarischen Freuden ohne das mediterrane Aroma des Knoblauchs! Ist er frisch und jung, duftet er sanft und süsslich, mit zunehmendem Alter herb und würzig, so dass er dem einen Gericht eine liebliche und dem anderen eine deftige Note verleiht. Folgen hat der Umstrittene so oder so. Ein Glück für all jene, die Molière glauben: «Quand l'amour est bien fort, rien ne peut l'arrêter.» Nicht einmal der Knoblauchduft.

Poulet à l'ail

Ein bratfertiges Huhn von etwa 1,7 kg Gewicht in 8 Stücke schneiden (lassen), kurz unter kaltem Wasser abbrausen und mit Küchenpapier trocken tupfen. Den Backofen auf 200 °C aufheizen, gleichzeitig im unteren Drittel ein Gitter einschieben. In einem grossen Brattopf zu gleichen Teilen Butter und Öl erhitzen, die Geflügelstücke mit Salz und frisch gemahlenem weissem Pfeffer würzen und auf der Hautseite zu schöner Farbe bräunen. 12 Frühlingszwiebeln, 24 ungeschälte Knoblauchzehen, eine Handvoll in Würfelchen geschnittenes Röstgemüse, 2 klein geschnittene Tomaten sowie einige Speckscheiben neben die Geflügelteile legen und kurz mitrösten. Danach 1 dl Weisswein zugiessen, je ein Thymian- und Rosmarinzweiglein sowie ein Lorbeerblatt zufügen, den Brattopf auf das Gitter stellen, die Hitze auf 175 °C reduzieren und das Geflügel während ungefähr 35–40 Minuten in regelmässigen Abständen mit dem Bratfond übergiessen. Das Geflügel aus dem Topf in eine Schüssel stechen und zugedeckt warm halten. Dem Gemüse im Brattopf etwa 1 dl Geflügelbouillon zufügen und auf dem Herd bei grosser Hitze so lange kochen, bis sich alle Zutaten innig verbinden. Das Geflügel mit der wohlschmeckenden «Gemüseconfiture» überziehen und mit Kartoffelpüree oder Nudeln servieren. Das wunderbar duftende Knoblauchfleisch wird übrigens mit einer Gabel aus den Häutchen geschabt und wie ein Gemüse gegessen.

Das Glück auf dem Teller

Das Glück hat viele Namen. Manchmal ist es eine momentane Hochstimmung, als Folge von Zufälligkeiten, manchmal ein so starkes Lebensgefühl, das uns selbst die Götter neiden. Und manchmal muss man unterscheiden zwischen Glück haben und Glück empfinden. Das eine bedeutet beispielsweise, am Wegrand ein vierblättriges Kleeblatt zu finden oder im Kartenspiel zu gewinnen; und das andere heisst, sich in Kissen zurückzulehnen und Schäfchen am Frühlingshimmel zu zählen oder grundsätzlich mit seinen Lebensumständen einig zu sein. Dann gibt es noch das Eheglück, und neuerdings kenne ich sogar das Rezept. Die Anweisung dort besagt, die Glückserfüllung liege allein in der Beachtung von simplen Regeln, wonach der Mann seine Frau zu fürchten, zu lieben und anständig zu kleiden habe, die Frau sorgsame Haushaltführung sowie Ergebenheit und Gehorsam gegenüber ihrem Meister üben müsse und letztlich ein guter Kamin ebenso dazu gehöre wie ein guter Hühnerstall und gutes Essen.

Gewiss, dieses Rezept aus der Zeit Ludwigs XIII. enthält manch unverdauliche Zutat, und der Hühnerstall unter jedem Dach ist mittlerweile auch ein exotisches Ingrediens. Ein Kamin hingegen ist schon eher wieder denkbar – und gutes Essen? Wer wollte einem guten Essen eine Steigerung der Lebensfreude absprechen! Doch wer oder was lässt uns ob einem guten Essen glücklich sein? Liegt es am Können des Kochs oder der Köchin? An der Qualität der Dinge? Oder hat unser Wohlbefinden möglicherweise auch mit Erkenntnissen und Einsichten, also mit Verstand und Vernunft zu tun? Reden wir nicht schon längst von artgerechter Haltung für das Glück der Tiere? Und haben wir inzwischen nicht feststellen dürfen, dass – um nur ein Beispiel zu nennen – ein glücklich gelebtes

Hühnerleben unser Gewissen beruhigt, unsere Gaumenfreude steigert und somit unser eigenes Glücksgefühl erhöht? Nur, was ist ein glücklich gelebtes Hühnerleben? Zwar ist uns das Befinden einer kleinen Hühnerseele fremd, doch wir sind phantasievoll genug, uns die unterschiedlichen Lebensumstände der Tiere auszumalen. Einerseits sehen wir das erbarmungswürdige Bild des herrschenden Elends in Geflügelsilos mit ihrer Massenaufzucht und den Fliessbandtötungen, andererseits das Bild eines scharrenden und gackernden Federviehs auf heckenumsäumten Wiesen. Liegt es angesichts dieser Bilder nicht auf der Hand, wie man zum glücklichen Geniesser wird? Der langen Rede glücklich kurzer Sinn ist demnach, dass es sich in jeder Lebenslage lohnt, ins Glück zu investieren, und sei es auch nur in das Glück auf dem Teller, ganz nach meiner Überzeugung: Lieber nur gelegentlich ein glückliches Huhn im Topf als täglich ein Stück Elend in der Pfanne.

Geflügelfricassée mit Kräutern

2 Poulardenbrüstchen à ca. 150 g (mit Haut) kurz unter kaltem Wasser abbrausen, trocken tupfen und quer in 4 Teilen schneiden. 1 kleine Frühlingszwiebel sowie eine Tasse Kräuter (Kerbel, Basilikum, Estragon, Frühlingsspinat und was der Markt gerade bietet) in Blättchen zupfen bzw. in Streifen schneiden. Die Geflügelstücke vorsichtig salzen und in aufschäumender Butter *nur* auf der Hautseite bei sanfter Hitze auf den Punkt garen, dabei die ungeschützte Seite ununterbrochen mit der brutzelnden Butter übergiessen. Die Bruststücke warm stellen. Eine fein gewürfelte Tomate (ohne Haut und Kernchen) zum Bratsatz geben, bei grosser Hitze 1 EL Vermouth (trocken) und ½ dl Bouillon zugiessen, sirupartig reduzieren und mit 1 dl Rahm zur sämigen Konsistenz köcheln. Die Kräuter in wenig Butter nur so lange sautieren, bis sie zusammenfallen, vorsichtig mit Salz, frisch gemahlenem Koriander und Ingwer sowie einer Spur Curry würzen. Die heisse Sauce durch ein feines Sieb auf die Kräuter giessen, damit die Pouletstücke überziehen und mit Kartoffelpüree servieren – welch' ein Glück auf dem Teller!

Prinzessinnen der Meere

Wenn sich Langustinen mit ihren klapperdürren Beinen, aufgereiht zu langen Ketten, über den schlammigen Meeresboden tasten, senden sie so viel Anmut aus, dass man glauben könnte, sie kämen aus dem Reich der Märchen und würden einen Reigen tanzen. Denn so, wie Märchen voller Zauber und Wunder sind und unsere Phantasie anregen, lassen auch die kleinen Krustentiere in ihrer grazilen Erscheinung in unseren Köpfen Bilder aus einer Erlebniswelt entstehen, in der es nicht nur sprechende Tiere und Pflanzen, gute und böse Gestalten, sondern auch tanzende Königskinder gibt. Doch während in den Märchen meist eine ausgleichende Gerechtigkeit obsiegt, sind die Prinzessinnen der Meere real existierende Geschöpfe und somit zur Freude unseres Gaumens völlig unmärchenhaft und rettungslos verloren.

Die so poesievoll gezeichneten Meeresfrüchte tragen viele Namen, was gelegentlich ganz schön verunsichern kann. Allerdings sind die aus der französischen oder der italienischen Sprache hergeleiteten Bezeichnungen Langustinen oder Scampi heutzutage so verbreitet, dass es kaum mehr zu Verwechslungen kommt. Gefahren lauern dort, wo es ein geübtes Auge und eine feine Nase braucht, um die absolute Frische zu erkennen. Denn Langustinen haben – wie übrigens alle Meeresfrüchte – ein überaus empfindliches Fleisch, so dass selbst eine Märchenerzählerin für einmal nicht den Wahrnehmungen der Sinne, sondern einer wunderbaren Alternative vertraut, nämlich dem Angebot aus südafrikanischen Küstengewässern. Frisch gefangen und noch auf See tiefgekühlt, ist die Qualität des kleinen Kaphummers, wie Langustinen im Süden Afrikas genannt werden, kaum zu überbieten. Geschält sind sie für sensible Seelen gedacht, denen es Mühe macht, die Tiere in ihrer ganzen Schönheit im Eisbett liegen zu sehen; ungeschält wiederum bieten sie mit ihrem Panzer die Basis für wundervolle Saucen. So oder so ist es unerlässlich, die Meeresfrüchte behutsam aufzutauen, augenblicklich zu verwenden und «nur für die Dauer eines Vaterunsers der Hitze auszusetzen» – lese ich im Buch der Tafelfreuden. Die Frage ist nur, wie langsam oder schnell das Gebet gesprochen wird!

Was die enorme Beliebtheit dieser Meeresfrüchte angeht, hat sie ohne Zweifel mit der italienischen und der französischen Kochkunst, aber auch mit den kulinarischen Erfahrungen in exotischen Ländern zu tun, so dass der Zubereitungsart von Langustinen kaum Grenzen gesetzt sind. Doch wehe, es kommt die Zeit der Sommerköche und ihrer grenzenlosen Inspirationen! Mir jedenfalls ist, als sei es ein bisschen gar seltsam, das feine Fleisch mit dem leicht süsslichen Geschmack in deftigen Speck zu wickeln und auf den Holzkohlengrill zu legen – ausser der Meister glaube an die glückliche Vermählung einer Langustine mit einem Schweinchen, und das wäre – weiss Gott – ein anderes Märchen.

Langustinen auf Spargelsalat

Nichts ist einfacher, als sich im Spargelmonat Mai ein Rezept mit Langustinen auszudenken; denn es kann nur heissen, aus den herrlichen weissen Stangen einen lauwarmen Salat zuzubereiten, die bereits geschälten Meeresfrüchte – kurz in Olivenöl sautiert – dazuzulegen und alles mit Frühlingskräutern zu bestreuen. Doch weil Langustinen nicht immer vom Darm befreit sind, ist es ratsam, sie zuvor zu öffnen. Dabei gehen Sie wie folgt vor: Die Langustinen – eigentlich sind damit die Langustinenschwänze, die sogenannten Scampi, gemeint – zunächst unter kaltem Wasser abspülen und auf Küchenpapier trocknen. Danach auf dem Rücken mit einem feinen Messer einen Längsschnitt anbringen. Zeigt sich ein dünner, schwarzer Faden, handelt es sich um den Darm, und der sollte mit der feinen Messerspitze behutsam entfernt werden. Die Langustinen – pro Person sind drei Stück gerade richtig – vorsichtig mit Salz und je einer Spur weissem Pfeffer und frisch gemahlenem Ingwer würzen und sekundenschnell in feinstem Olivenöl sautieren.

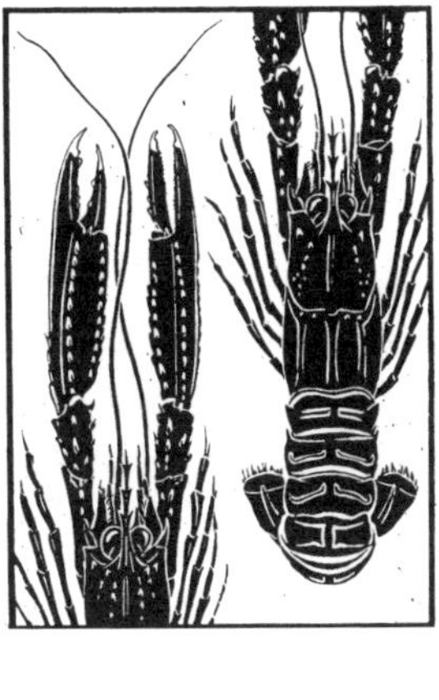

Ei! Wie das schmeckt!

Während sich die Meeresgöttin auf dem Grund des Ozeans ausruhte, sah der Gott der Lüfte, dass sie sich im Schlaf bewegte und plötzlich ein Knie wie eine leuchtende Insel aus den Fluten ragte. Er stürzte aus den leeren Himmeln hernieder und legte ein Ei aus purem Gold darauf. Die Göttin erschrak so sehr, dass das Ei zerbrach. Aus seinen Bruchstücken aber entstand das Universum: Die obere Schalenhälfte wurde zum Firmament, der Eidotter zur strahlenden Sonne, das Eiweiss zum glitzernden Mond, aus den Schalenteilchen wurden Sterne und Wolken, «und die Zeit begann zu laufen». Diese Verse aus dem Kanevala, dem Nationalepos der Finnen, sind Überlieferungen aus einer Zeit, in der Unerklärliches noch über das Göttliche erklärt wurde. Dass sich das Ei besonders gut als Motiv für Mythen und Legenden eignete, kann nicht erstaunen. Ob es allerdings hinter seiner Schale tatsächlich das Geheimnis der Schöpfung verbirgt – wer will es so genau wissen. Unumstritten ist nur, dass es bis heute Sinnbild des sich immer wieder erneuernden Lebens und somit auch Symbol des Frühlings geblieben ist.

Im Alltag verlieren Eier zwar ihre mystische Ausstrahlung, doch selbst rational denkenden Menschen erscheinen sie gelegentlich doch mehr als nur eines der unentbehrlichsten und vielseitigsten Nahrungsmittel. Ich beispielsweise habe Mühe, ein Ei gedankenlos aufzuschlagen, wobei es dabei weniger um philosophische Überlegungen geht als mehr um den leisen Respekt vor einem kleinen Wunderwerk. Mag sein, dass es mit den glücklichen Umständen zu tun hat, nach denen ich in einem nahgelegenen Hühnerstall ein frisch gelegtes und noch warmes Ei aus der Spreu heben und seine Ergründlichkeit in den Händen spüren darf. Es sind aber auch Augenblicke, in denen ein schwäbisches Sprichwort das Wesentliche deutlich macht: «Wie's Ei, so's Hennele.» Sieht man sich allerdings auf dem Eiermarkt um, kommt man nicht umhin, dem Handel ziemlich misstrauisch zu begegnen. Es scheint, als nehme er den legitimen Anspruch des Konsumenten auf frische Eier von glücklichen Hühnern weniger ernst als die phantasievolle Gestaltung der Eierkartons: Stattliche Bauernhöfe, ein stolzer Gockel inmitten von selig gackernden Hennen, eine aufgehende Sonne und blühende Wiesen sollen den Eindruck von heiler Welt vermitteln. Liegen die Eier zu allem Überfluss gar in einem kleinen, mit Stroh ausgelegten Korb, erwecken sie den Anschein, als seien sie eben von der Bäuerin vorbeigebracht worden. Wie gut, wenn dem so ist! Denn dann schmecken Eier tatsächlich nach Körnern und Grünfutter, und das schöne, runde, in sich ruhende Wort «Ei» bekommt plötzlich seine doppelte Bedeutung: Ei! Wie das schmeckt!

Ei! Wie das schmeckt! Wer sich – vor einem weich- oder hartgekochten Ei, vor einem Rührei oder Spiegelei oder auch anderen Eiergerichten sitzend – zu einem so genussfreudigen Ausruf hinreissen lässt, muss ohne Zweifel ein Geniesser sein, glücklicherweise aber ist er einer, dem die Qualität der Dinge über alles geht – auch die Lebensqualität von Hühnern.

Médaillons aux oufs durs

Das Eiweiss von vier hartgekochten Eiern sehr fein würfeln und das Eigelb hacken. 1 EL feinst gewürfelte Zwiebeln in Butter bei kleiner Hitze golden dünsten und anschliessend erkalten lassen. 1 EL feinst gewürfelter Frühstücksspeck in einem trockenen Pfännchen so lange rösten, bis das Fett ausläuft, danach auf Küchenpapier entfetten. Das gehackte Eigelb, die Eiweiss-, Zwiebel- und Speckwürfelchen in einer kleinen Schüssel mischen, je 1 EL Quark und fein geschnittene Kräuter (Petersilie, Thymian, Majoran) sowie ein rohes Eigelb (oder 1 TL Maizena) sorgfältig dazugeben, zum Schluss mit Salz und frisch gemahlenem weissem Pfeffer würzen und 1 Stunde kalt stellen. Aus dieser Masse 6 kleine Médaillons formen, in feinstem Paniermehl wenden und beidseitig in Butter bei mittlerer Hitze behutsam golden braten. Auf jungem Frühlingsspinat, auf einer Tomatensauce oder mit einer Peperonata serviert, schmeckt dieses ungewöhnliche Eiergericht höchst überraschend.

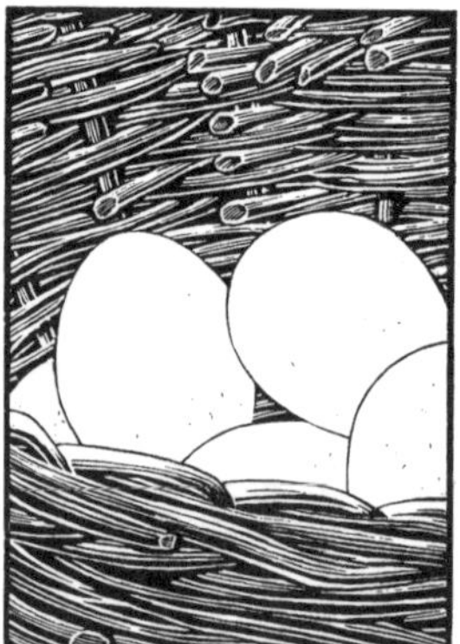

Wenn der Kater miaut

«Scheint's doch kein übles Frühlingszeichen, / Dass schon die alten Kater miaun!» Dies mag damals, im krainischen Domizil des österreichischen Dichters Anastasius Grün (1806–1876), zutreffend gewesen sein. Doch ich kann in diesen sonnigen Märztagen die Fenster noch so weit öffnen, es miaut kein alter Kater. Noch ist er nämlich ganz leise, der Frühling; die ersten Töne im grossen Frühjahrskonzert spielt im Augenblick nur das Wasser, das in schweren Tropfen vom schneebedeckten Dach fällt. Unten im Tal hingegen ist alles ein bisschen anders. Längst haben Frühjahrsboten ihre Köpfe aus der Erde gestreckt, haben sich Knospen behutsam geöffnet und Amseln in das Konzert eingestimmt. Nur eine lässt noch eine Weile auf sich warten und gibt uns Zeit, die Sinne auf ihr Kommen vorzubereiten: dem Auge, um sie in ihrer geschickt getarnten Farbe zu erkennen, der Nase, um sie an ihrem feinen Duft zu erschnuppern, und schliesslich dem Gaumen, um sich an ihrem köstlichen Aroma zu erfreuen: die Morchel.

Eigenartig; da gelten Morcheln als Edelpilze und erzeugen bei Feinschmeckern – nebst der Trüffel – höchste Gaumenfreuden. Doch der Pilz selbst ist überhaupt nicht anspruchsvoll. Er wächst, wo es ihm gerade gefällt: an Weg- und Waldrändern, in Parkanlagen und zwischen Fussballtoren, in Laubwäldern und neben Schutthalden, unter gefällten Bäumen und auf Holzrinden. Möglicherweise ist es diese Unberechenbarkeit, die ihn so selten und kostbar macht, findet man doch eher ein fallengelassenes Fünffrankenstück als eine Speisemorchel mit der wissenschaftlichen Bezeichnung *morchella esculenta*. Entsprechend tief muss man für frisch gepflückte Morcheln in die Taschen greifen, es sei denn, man gehört zu den wenigen glücklichen Menschen, die längst einen Fundort entdeckt haben und wissen, dass der Pilz auch im nächsten Jahr dort wieder zu finden sein wird.

Die Morchelsaison dauert nur kurz, kaum länger als dreissig Tage. Doch weil sich Morcheln ausgesprochen gut trocknen lassen, sind sie das ganze Jahr über erhältlich. Aber sollen sie dies überhaupt sein? Ist dieser feine Pilz nicht ein eindeutiger Abgesandter des Frühlings, so wie es die Spargeln und die Erdbeeren, der Sauerampfer und der Rhabarber auch sind? Weshalb sind wir so ungeduldig und weshalb so darauf aus, die Jahreszeiten zu vermischen und uns gleichzeitig um das Vergnügen zu bringen, ihren Gaben mit grosser Lust entgegenzufiebern? Fehlt nur noch, dass wir den Weihnachtsbaum mit Osterglocken schmücken!

Morcheln mögen Rahm, viel Rahm! Und handelt es sich um die feinste Sorte, um die sogenannten Spitzmorcheln, ist ein Morchelragout ein unvergleichlich köstliches Gericht. Es begleitet ein Kalbskotelett genauso gut wie frisch gedrehte Nudeln, es lässt sich aber auch in duftige Blätterteigpastetchen füllen oder auf getoastetes Brot häufen. Hauptsache, man tut solch aromatische Dinge in Zeiten, in denen der alte Kater miaut!

Morchelragout

150 g frische Morcheln einzeln sehr sorgfältig unter fliessendem Wasser abbrausen und in Küchenpapier trocknen. Die Pilze je nach Grösse ganz lassen, halbieren oder vierteln. Eine fein geschnittene Frühlingszwiebel, eine ungeschälte Knoblauchzehe sowie ein Thymianzweiglein in Butter anziehen, die Morcheln zufügen und bei grosser Hitze so lange sautieren, bis alle Flüssigkeit verdampft ist. Je ½ dl Madère und Weisswein sowie 1 dl Fond (oder Bouillon) zufügen, sirupartig reduzieren, mit 1 ½ dl Rahm auffüllen, 1 Msp. Liebigs Fleischextrakt beigeben und das Ragout zu sämiger Konsistenz köcheln lassen. Vorsichtig mit Salz, frisch gemahlenem weissem Pfeffer sowie einer Spur Curry würzen und mit einigen Tropfen Zitronensaft aromatisieren. Zum Schluss das Thymianzweiglein und die Knoblauchzehe entfernen.

Der Barbar

Man mag sich lange überlegen, worin sein barbarisches Wesen liegen könnte, viel Aufregendes lässt sich nicht feststellen, ausser, dass er ein Hergelaufener ist, todbringende Kräfte besitzt und eine äusserst zwielichtige Vergangenheit hat. Lernt man den Rohling aber näher kennen, verliert er all seine furchterregenden Züge. Denn nicht nur lässt sich seine Fremdheit erklären und lassen sich seine todbringenden Kräfte überlisten, auch seine berauschende Vergangenheit scheint längst verjährt, liegt sie doch schon Jahrtausende zurück.

Was in der Antike von Asien aus über Russland von «Barbaren» nach Griechenland getragen wurde, von dort als *rha* in die Klostergärten von Rom gelangte und als *rheum* kultiviert wurde, ist das Knöterichgewächs mit den grossen krausen Blättern und den zarten langen Stielen, der Rhabarber. Die Entstehungsgeschichte des konstruierten Wortes «Rhabarber» liegt vor allem in der griechischen Sprache, nannten doch die Griechen die angenehm säuerlichen Blattstiele *rha* (Wurzel), und mit *barbaros* war der fremde, ungesittete Mensch gemeint.

Die Pflanze, die botanisch eigentlich zum Gemüse gehört, kann in verschiedene Arten eingeteilt werden, und ihre wissenschaftlichen Benennungen können auch entsprechend unterschiedliche Geschichten erzählen. Weniger verwirrend sind Angaben über ihre Wiege, die in China liegen soll, wo sie schon um 2700 v. Chr. vorwiegend als medizinisches Kraut angepflanzt wurde. Doch ganz so harmlos ist ihre Vergangenheit nicht. Denn irgendeinmal wurden in den jungen Wurzeln Stoffe entdeckt, mit denen man nicht nur geheilt, sondern in einen wunderschönen Rausch versetzt werden konnte. Der Handel mit dem Rhabarber als Droge war vorauszusehen.
 Doch wirklich gefährlich und todbringend wurde der

Rhabarber erst im 17. Jahrhundert, als ein höchst unbesonnener Botaniker verkündet haben soll, die Blätter seien wie Spinat zu essen. Sollte einer das Experiment gewagt und erst noch überlebt haben, so könnte er uns erzählen, dass der hohe Gehalt an giftiger Oxalsäure im Magen-Darm- Kanal eine äusserst unangenehm ätzende Wirkung hat.

Wie klug, uns nur an den zarten Stengeln zu erfreuen! Denn mit ihnen und vor allem mit der rotstieligen Sorte und dem zart rosafarbenen Fleisch, dem sogenannten Erdbeer-Rhabarber, lassen sich ganz köstliche Desserts zubereiten. Ob er, in kleine Würfel oder Stengelchen geschnitten und sekundenschnell mit Zucker und Zitronensaft gekocht, zwischen golden gebackenem Blätterteig auf einem rahmigen Bett liegt oder mit Erdbeeren kombiniert als süsse Suppe erscheint; ob er durch einen zarten Weinteig gezogen und in frischem Öl gebacken oder als Basis für ein Soufflé dient, der Rhabarber ist in jedem Fall ein überaus liebenswürdiges Geschenk des Frühlings.

Rhabarber-Gratin

Von etwa 250 g Rhabarber den Wurzelansatz abtrennen, die Häutchen abziehen, die Stengel 1½ cm klein würfeln, auf einem Sieb unter kaltem Wasser abbrausen und mit 50 g Zucker sowie dem Saft einer halben Zitrone nur kurz aufkochen lassen. Den Rhabarber danach neben dem Herd im Sirup, der sich beim Aufkochen aus Zucker und Rhabarbersaft gebildet hat, auskühlen und auf einem Sieb gut abtropfen lassen. Die Grillstäbe im Backofen auf höchster Stufe vorheizen. Ein Eigelb und 25 g Puderzucker mit dem Schneebesen zu einer weissen Crème schlagen, danach 2 EL Quark unter die Crème mischen. Das Eiweiss mit ein paar Tropfen Zitronensaft (oder einer Prise Salz) steif schlagen, gleichzeitig etwa 15 g Kristallzucker einrieseln lassen. Das Eiweiss sehr behutsam unter die Eigelb-Zucker-Quark-Masse ziehen, in zwei tiefe Teller verteilen, den Rhabarber auf der Crème anrichten, mit Puderzucker bestreuen und unter den glühenden Grillstäben zu goldener Farbe gratinieren.

Der Asparagus und die Liebe

Können Sie sich den Asparagus anders als das Grünzeug in einem Nelkenstrauss oder als grüne Zierde auf der Illusion einer Marmorsäule in der guten Stube vorstellen? Wenn ein Lexikon bloss den Geist nicht so verwirren würde! Denn steht der Sinn nach dem *asparagus officinalis*, gibt es erst einmal Auskunft über den *asparagus setaceus*, das «Schnittgrün für Blumensträusse», und das taugt gewiss nicht zu paradiesischen Gaumenfreuden! Nein! Eine Pflanze, «die mit Kletterdornen statt der Schuppenblätter» ausgestattet ist, vermag uns nicht zu wohligen Seufzern zu verführen und schon gar nicht mit der Phantasie der Menschen so charmant zu kokettieren, dass alle Lebensgeister und andere schöne Erscheinungen geweck werden. Das vermag nur das weiss-grüne Frühlingsgeschenk – der Spargel!

Über die Sprossen, die sich aus Seitenknospen einer Wurzel entwickeln, weiss man nur, dass sie schon im antiken Griechenland angebaut wurden und früh nach Ägypten gelangten. Spekulationen über die Wege, auf denen das Gemüse zu den Römern und später in unsere Region gelangt sein soll, können weder bestätigt noch widerlegt werden, so dass sie zur vorläufigen Annahme führen, der Samen des *asparagus officinalis* müsse von Vögeln über den Mittelmeerraum zu uns getragen worden sein. Gewiss ist nur, dass der Spargel genauso zum Frühling gehört wie die immer wieder neu aufbrechende Lebensfreude. Doch wann ist sie überhaupt, die Spargelzeit, wo doch im Frühling die Grenzen zu den nahen Jahreszeiten kaum wahrnehmbar verlaufen? Denn so wie die kalten Wintertage beinahe unbemerkt in die heiteren Tage hineinfliessen, so schlägt der Frühling unbemerkt einen weiten Bogen zur Sommerzeit. Die alljährlich wiederkehrende Aufgeregtheit unserer Sinne muss also mit diesen «Zwischenzeiten» zu tun haben und uns – nebst anderen erwartungsvollen Fragen – auch die kulinarische Frage stellen lassen: ist sie schon im März, die Zeit der Spargeln, oder vielleicht doch erst im April? Ist etwa der Mai der Spargelmonat, oder ist es möglicherweise doch erst der Juni? Geduld ist eine Frage der Gelassenheit, aber wenn es um Spargeln geht, ist Geduld auch eine Frage der Einsicht. Die feinen Sprossen tragen wirklich nur zum Höchstgenuss bei, wenn sie aus einheimischer Ernte frisch gestochen auf den Markt kommen, und das dürfte in unserer Ecke der Welt frühestens im Mai sei. Aber weil Spargeln und Liebe auf eine seltsame Weise zusammengehören, kann die richtige Zeit ohnehin nirgendwo anders als im Wonnemonat liegen, mit dem schönen Nebeneffekt, dass die Spargelsaison in unseren Regionen bis in den Monat Juni hinein dauert und somit auch die Zeit der grossen Gefühle um ein paar Tage verlängert wird!

Spargeln mit Bröseln

20 g Frühstücksspeck sowie eine Frühlingszwiebel in mikrofeine Würfelchen schneiden. Ein hartgekochtes Ei in Eiweiss und Eigelb trennen, das Eiweiss fein würfeln und das Eigelb hacken. Eine Tomate (ohne Haut, Kerne und Saft) klein würfeln. In einer Bratpfanne, die von so grossem Durchmesser ist, dass die Spargeln gut darin liegen können, mässig gesalzenes Wasser zum Kochen bringen. Die Spargeln ins Wasser legen und darauf achten, dass sie nur knapp bedeckt sind, eine Prise Zucker und ein haselnussgrosses Stück Butter zufügen, das Gemüse zugedeckt gar kochen und danach gut abgetropft auf vorgewärmte Teller heben. Zwiebel- und Speckwürfelchen sowie 2 EL weisses Paniermehl in etwa 50 g Butter bei mittlerer Hitze unter ständigem Bewegen mit einem Kochlöffel eine goldene Farbe annehmen lassen, mit Salz und frisch gemahlenem, weissem Pfeffer würzen und mit ein paar Tropfen Zitronensaft aromatisieren. Das gehackte Ei und die klein gewürfelte Tomate über die Spargeln streuen, mit der heissen Butter-Brösel-Mischung übergiessen und mit Schnittlauch bestreuen.

Anders als alle andern

Sie ist anders als alle andern. Sie drängt nicht ins Rampenlicht und hält nicht viel von grossem Auftritt. Sie verhüllt ihren Liebreiz im grünen Kleid und schämt sich ein bisschen ihrer Schwestern. Denn die sind rund und prall und für jedermann zu haben. Doch sie ist anders. Sie ist süss und zart und kokettiert mit Zurückhaltung. Ist ihre Zeit aber gekommen, verzaubert sie ihre Liebhaber mehr als alle andern, mehr als die verwöhnte Spargel, mehr als das freche Radieschen, mehr als die selbstgefällige Erdbeere. «Das ungeduldige Warten, sie essen zu können, das Vergnügen, sie gegessen zu haben, und die Freude, sie wieder essen zu dürfen …» zeigt, was schon Madame de Maintenon (1635–1719), Geliebte und zweite Frau Ludwigs XIV., von den jungen, zarten, zuckersüssen Erbsen hielt. Aber schon die Griechen assen Erbsen, und Apicius, der grosse römische Feinschmecker aus der Zeit des Augustus und Tiberius, hielt die kleinen Samenkörner für eine solche Delikatesse, dass er ihnen in seinem Kochbuch mehrere Rezepte widmete.

Wird aber von Erbsen als einer Delikatesse gesprochen, können nur die winzig kleinen Frühlingserbsen mit schrumpliger Haut *pisum sativum medullare* gemeint sein. Denn mit jedem Tag, mit dem sich der Frühling dem Sommer nähert, wird ihre Haut glatter, sie werden grösser und praller, der Zucker verwandelt sich in Stärke, die Erbsen werden mehlig und haben kein besseres Schicksal verdient, als die unglückliche Ehe mit den kugelrunden Karotten einzugehen.

Ganz andere kulinarische Freuden beschert uns die zierliche Ausgabe. Im glücklichen Frankreich mit den guten klimatischen Bedingungen werden die «petits pois verts» und in Italien die «piselli novelli» so sehr geschätzt, dass sie mancherorts fast ganzjährig gezogen werden.

Doch ganzjährig muss das Vergnügen ja nicht sein, denn zu wohligen Seufzern zur richtigen Zeit verleitet nur «das ungeduldige Warten, sie essen zu können, das Vergnügen, sie gegessen zu haben, und die Freude, sie wieder essen zu dürfen ...»!

Zu Berühmtheit haben es die Samenkörner als «Petits pois à la française» gebracht, bei deren Zubereitung Butter, Geflügelfond, junge Zwiebeln und junge Kopfsalatherzen eine grosse Rolle spielen. Mit feinen Speckwürfelchen nennt man ihre Zubereitung «à la bonne femme» und «à la fermière», wenn ihnen (frisch geerntete!) Karotten beigefügt werden.

Doch auch als Salat, kurz blanchiert und noch lauwarm mit kleinen, caramelisierten Frühlingszwiebeln und gezupften Kerbelblättchen in einer Honigvinaigrette gewendet, sind die zarten Erbsen ein grosser Genuss. Nur bei der Zubereitung einer Suppe, bei der das Gemüse püriert wird, mag man sich fragen, wie sinnvoll es ist, die feinste Sorte zu verwenden. Diese Frage müssen die kleinen Geschmacksknospen auf der Zunge beantworten; sind sie in bestem Sinn des Wortes verwöhnt, werden sie kaum auf das delikate Aroma verzichten wollen.

Crème aux petits pois verts

Für etwa 5 dl Suppe je ½ klein geschnittene Frühlingszwiebel und Knoblauchzehe in einem Stück Butter – mit einer Spur Puderzucker bestreut – bei kleiner Hitze gemächlich zu hellgoldener Farbe caramelisieren lassen. 200 g ausgelöste Erbsen zufügen, mit etwa 2½ dl Geflügelbouillon (entfettet!) auffüllen, vorsichtig salzen und so lange köcheln lassen, bis die Erbsen gar sind, was angesichts ihrer zarten Jugend nur ein paar Minuten dauern kann. Danach mit dem Mixstab (oder im Mixer) fein pürieren, 1 dl Rahm zufügen und nach Bedarf mit Bouillon zur gewünschten sämigen Konsistenz verlängern. Die Suppe erwärmen, mit frisch geriebener Muskatnuss sowie einem Hauch Cayenne würzen, zum Schluss 1 EL halbsteif geschlagenen Rahm unterheben und mit (in Butter) knusprig gerösteten, mikrofeinen Speck- und Brotwürfelchen bestreuen.

Leicht wie eine weisse Frühlingswolke

Nein! Ganz so leicht liegt er nicht auf unserer stolzen Seele, der jahrhundertealte Ruf, wir seien ein Volk von Kuhhirten! Und dennoch müssen wir damit leben und uns vielleicht auch ein bisschen wundern, woher dieses etwas gar rustikale Ansehen in der Welt rühren mag. Lag es an unseren Söldnern, die mit ihrem bärenstarken Auftritt den Eindruck erweckten, über unsere Berge würden Milch und Honig fliessen? Oder lag es an der Laune der Natur, die uns mit einem unverhältnismässig grossen Anteil von Gipfeln und Wäldern schon immer viel zu wenig Raum liess, um anderes zu betreiben als Milchwirtschaft? Oder waren es womöglich geschwätzige Ladies? Verbreiteten sie das Märchen auf der Insel, in der Schweiz sähen alle Mädchen schön und gesund aus, sie trällerten textlose Volksweisen und dufteten nach Milch? Nur, wo hätten die Ladies Bed and Breakfast haben und for a walk gehen können, in einer Zeit, in der noch jeder begüterte Stadtbürger neben seinem Wohnhaus einen Stall hielt und seine Kühe durch die Strassen unserer Städte spazieren liess! Oder hat Edward Whymper geplaudert? Weil er weniger von seiner Leistung imponiert war, als erster Mensch das Matterhorn bezwungen zu haben, als viel mehr von der Begegnung mit rotwangigen Sennerinnen, satten Alpwiesen und prächtigen Kühen?

Was immer der Grund gewesen sein mag; richtig ist, dass wir aus Tradition alles mögen, was aus der Milch von Kühen, gelegentlich von Schafen und gar der Kuh des armen Mannes, der Ziege, an Leckerem hergestellt werden kann. Uns irgendeinmal auch zu Liebhabern der Crème fraîche zu entwickeln, war demnach nur folgerichtig. Doch was hat es gedauert! Denn was in Frankreichs Küchen längst zum Alltag gehört, konnte unsere Gunst erst gewinnen, nachdem die liebliche Einwanderin unseren Gaumen vollends überzeugt hatte. Nicht das Fremde liess uns zaudern, sondern mehr die Vermutung, die Crème fraîche sei völlig problemlos durch Sauerrahm zu ersetzen. Dieser Gedanke lag nahe, denn sie wird, wie der Sauerrahm, mit Milchbakterien leicht angesäuert, und auch ihre Eigenschaften unterscheiden sich kaum von jenen des Sauerrahms: auch sie ist kochfest und säurebeständig. Nur eignet sich die Gaumenschmeichlerin mit ihrem Gehalt und Charakter in noch höherem Masse für lukullische Freuden. Ein Nachteil – könnte man glauben – ist der Umstand, dass sich die Crème fraîche nicht schlagen lässt. Doch geschickt mit geschlagenem Eiweiss manipuliert, erscheint sie trotz ihrem hohen Fettgehalt leicht wie eine weisse Wolke am Frühlingshimmel. Liegen dann erst noch Beeren auf weissen Wolken, ist das Land der Glückseligen nicht mehr weit!

Erdbeertarte

Aus 200 g Butter-Blätterteig einen etwa 3 mm dicken Boden von ungefähr 24 cm ø ausschneiden und auf ein, mit Backfolie ausgelegtes, Backblech heben. Den Teig eng mit einer Gabel einstechen, dabei einen ca. 2 cm breiten Rand frei lassen, der sich beim Backen aufblähen und eine natürliche Begrenzung bilden wird. Den Teigboden sehr kalt stellen und erst danach bei 210 °C während ca. 12 Minuten backen. Die Grillstäbe zum Glühen bringen, den Teigrand dick mit Puderzucker bestreuen und sekundenschnell unter den Grillstäben caramelisieren. Etwa 400 g Erdbeeren kurz unter kaltem Wasser abbrausen und die Blütenansätze entfernen. Besonders schöne Exemplare für den Belag reservieren, die nicht ganz so wohlgefälligen (ungefähr 150 g) für die Sauce fein pürieren, je nach Zuckergehalt der Früchte Puderzucker und zum Aromatisieren ein paar Tropfen Zitronensaft zufügen. Ein Eiweiss unter Zufügen von einigen Tropfen Zitronensaft zu Schnee schlagen, gleichzeitig langsam 35 g Puderzucker einrieseln lassen. Den Eischnee behutsam unter 150 g Crème fraîche heben, mit einem Spachtel auf dem ausgekühlten Blätterteigboden verteilen und glatt streichen. Die aussortierten Erdbeeren in Scheiben schneiden, hübsch auf der Crème anordnen, die Tarte mit einem Sägemesser aufschneiden, auf Teller heben und mit Erdbeersauce umgiessen. Mmh! Wie das schmeckt! Auch mit Himbeeren zubereitet!

«Endlose allgemeine Küsserei»

Im Vorwort des «Grand Dictionnaire Langenscheidt» steht unter anderem geschrieben: «(...) ehedem Vulgäres wird im Hinblick auf die Sprachgebrauchsebene neutralisiert und findet auch umgangssprachliche Verwendung.» Somit steht der Nachricht, es existiere nicht nur ein «Fricassée» im kulinarischen, sondern auch im zwischenmenschlichen Sinne nichts mehr im Wege.

Wer nämlich neugierig ist und erfahren will, was es genau mit einem «Fricassée» auf sich hat, macht in der zuständigen Literatur eigenartige Entdeckungen. Die deutsche Sprache allerdings gibt sich sachlich und meint, ein «Frikassee» sei «ein feines Gericht von weissem Geflügel-, Kalb-, Lamm- oder Kaninchenfleisch, in einer weissen, mit Zitronensaft abgeschmeckten Sauce». Möchte man aber wissen, wie gut sich Herr Langenscheidt in der französischen Sprache auskennt, hält er Erstaunliches bereit: «Fricassée 1. cuis. Frikassee n; 2. F. fig. beim Begrüssen etc. ~ de museaux, endlose, allgemeine Küsserei.»

Erkundigt man sich bei einem Mitglied der feinen Pariser Gesellschaft, was genau unter «Fricassée de museaux» zu verstehen sei, reagiert es leicht indigniert und erklärt, eine solche Redensart sei «une langue vulgaire». Womit sich der Kreis zum Vorwort im «Grand Dictionnaire Langenscheidt» wieder schliessen würde. Denn «museau» bedeutet Schnauze, so dass sich gewisse ungebildete Leute in Frankreichs Gassen Schnauze an Schnauze zu küssen scheinen. Doch «ehedem Vulgäres wird im Hinblick auf die Sprachgebrauchsebene neutralisiert und findet auch umgangssprachliche Verwendung»!

Irgendwie scheint ein logischer Zusammenhang zwischen dem einen und dem anderen Fricassée zu bestehen. Denn wer sich auch nur flüchtig küsst – ob in der Sprache der feinen Damen oder in der Redeweise übermütiger Gassenjungen –, es ist stets ein Zeichen der Liebe oder Freundschaft, manchmal auch nur ein ganz spontaner Reflex auf eine sympathische Begegnung. Auf ein Fricassée im kulinarischen Sinn übertragen – auch wenn es dazu ein wenig Phantasie braucht –, heisst es nichts anderes, als dass sich auch Produkte mögen müssen, um als ein «Fricassée» aufzutreten. Denn was gemeinhin unter diesem Begriff zu verstehen ist, sind harmonische Verbindungen zwischen verschiedenen Zutaten, wofür wieder die französische Sprache einen bezeichnenden Ausdruck kennt: «le mariage des ingrédients». Und was so schön französisch klingt, kann zu nichts anderem führen als zu einem Gericht, in dem viele Aromen versammelt sind, die einem verschleckten Gaumen grosses Vergnügen bereiten. Ob auf der Bühne der Lebensfreude dann weisses Fleisch, Geflügel, Fische, Meeresfrüchte oder Gemüse die Hauptrolle spielen, ist nicht so wichtig wie das Umhüllen mit Rahm, mit dem ein Fricassée erst seine typisch samtene Beschaffenheit erhält.

Gemüsefricassée

2 Frühlingszwiebeln sowie ½ Knoblauchzehe in Scheiben schneiden und in Butter langsam zu hellgoldener Farbe dünsten, 400 g junges, geputztes Frühlingsgemüse wie kleine Karotten, weisse Rübchen, einige Spargelspitzen, Kefen (Zuckererbsen) und was der Markt sonst noch bietet (je nach Garzeit) zufügen, vorsichtig salzen, mit einer Spur Zucker bestreuen und ohne jede Flüssigkeitszugabe bei sanfter Hitze zugedeckt im eigenen Saft garen. Gleichzeitig eine Handvoll winzig kleine Frühkartoffeln kochen und danach die Haut abziehen. Sobald das Gemüse gar ist, was angesichts seiner Jugend eine Sache von höchstens 10 Minuten sein kann, 1½ dl Rahm, einige kalte Butterflocken sowie die Kartoffeln zufügen, mit einer Spur Curry und einem Hauch Cayenne würzen und alles bei grosser Hitze einen Augenblick lang durchkochen lassen. Zum Schluss mit einer Spur frisch geriebener Muskatnuss sowie ein paar Tropfen Zitronensaft aromatisieren und mit fein geschnittenem Kerbel bestreuen.

Wanderer zwischen Kulturen

Kein anderer Fisch hat eine so faszinierende Lebensgeschichte, aber auch keine so tragische Entwicklung erleben müssen wie der Lachs. Denn seine Fähigkeit, in zwei Welten zu wohnen und zwischen Meeren und Flüssen zu wandern, hat nicht nur zu allen Zeiten die Phantasie der Menschen beflügelt und die Neugier der Wissenschaft geweckt. Der Mensch hat irgendeinmal auch entdeckt, dass der Fisch ausgerechnet dann am köstlichsten schmeckt, wenn er zum Schutze seines Fortbestandes nicht gefangen werden sollte, das heisst in Zeiten, in denen die erwachsenen Tiere unterwegs vom Meer hinauf zu den Flüssen sind, um den Laich abzulegen oder wenn die Junglachse ihre Kinderstube in Bergbächen verlassen, um in den Ozeanen erwachsen zu werden. Die Existenz des Wildlachses mit der wissenschaftlichen Bezeichnung *salmo salar* war also alleine schon aus lukullischen Gründen gefährdet. Hinzu kamen aber auch die Umweltverschmutzungen, die gerade für den Lachs, dessen natürlicher Lebensraum sauberes, kaltes und sauerstoffreiches Wasser ist, verheerende Folgen brachte. Selbst die für ihren Reichtum berühmtesten Gewässer hatten über eine lange Zeit kaum mehr natürliche Bestände aufzuweisen. Heute haben sie sich wieder etwas erholt, nicht zuletzt deshalb, weil die weltweit enorme Nachfrage durch Züchtungen in Meerwasserbecken gedeckt wird.

Verantwortungsvolle Züchter gehen davon aus, der in ihren Farmen aufgewachsene Lachs stünde dem in seinem natürlichen Lebensbereich gross gewordenen Wildlachs in nichts nach. Dieser Auffassung kann man mit gewissen Einschränkungen zustimmen. Wichtig ist, dass der wendige Schwimmer auch auf der Lachsfarm Gelegenheit erhält, sich durch den Wechsel der Gezeiten in Bewegung zu halten; denn sonst wird er träge und seine

Muskulatur kann sich nicht entwickeln. Und wo seine Lebensbedingungen eingeschränkt sind, kann er sich auch nicht mehr auf natürliche Weise ernähren, er wird abhängig von künstlichem Kraftfutter und anfällig für verschiedenste Krankheiten. Glücklicherweise sind solche Fabrikationsstätten in der Minderheit und werden auf Dauer nicht überleben können. Und das ist gut so.

Doch artgerechte Haltung ist nur die eine Seite der Medaille; die Rückseite zeigt das Gesicht unseres eigenen Denkens und Handelns. Tierschutz ist kein Buch mit sieben Siegeln, sondern der Schlüssel, der viele Türen aufschliesst, unter anderem auch die Tür zur Erkenntnis, dass wahre Genussfreude in der Kunst liegt, verzichten zu können. Sie fragen sich, was dies mit dem Schutz der Tiere zu tun hat? Die Antwort liegt nahe. Denn durch den Ausgleich zwischen Genuss und Verzicht erleben wir nicht nur eine Steigerung unserer Genussfähigkeit, sondern wir werden Teil eines marktwirtschaflichen Systems, wo Angebot und Nachfrage selbstregulierend funktionieren. Mit dieser rein rationalen Sicht auf die Zusammenhänge ist leicht zu erkennen, wie eng das Wohl der Tiere mit unserem verantwortungsvollen Tun und Lassen verknüpft ist. Wenn wir also unsere Lust auf den freundlichen Fisch beschränken, schaffen wir nicht nur Raum für seine natürlichen Lebensbedingungen, wir schaffen auch Raum für ein gutes Gewissen – und damit die uneingeschränkte Freude an einem besonders schönen Sommergericht.

Rillettes de saumon

In einen niedrigen Topf ½ dl Weisswein, 1 dl Fischfond (oder Gemüsebouillon) geben, ½ Lorbeerblatt, 1 fein geschnittene Frühlingszwiebel und 1 ungeschälte Knoblauchzehe sowie einige weisse Pfefferkörner zufügen und kurz vor das Kochen bringen. Ein Stück Lachsrückenfilet von ca. 400 g in den leise köchelnden Fond legen und zugedeckt während ungefähr 5 Minuten rosa durchziehen lassen. Den Fisch danach zum Auskühlen auf einen Teller legen, den Fond sirupartig reduzieren und durch ein feines Drahtsieb in ein Schüsselchen passieren. Das ausgekühlte Lachsfleisch in Lamellen zupfen und mit 100 g fein gewürfeltem Räucherlachs mischen. 100 g geschmeidige Butter, 1 Eigelb, 2–3 EL feinstes Olivenöl sowie den reduzierten Fond mit einer Gabel behutsam unter den Fisch arbeiten, mit Salz, frisch gemahlenem weissem Pfeffer, einer Spur Curry und einem Hauch Cayenne würzen und mit einigen Tropfen Zitronensaft aromatisieren. Die Mischung in eine Terrinenform füllen, mit Folie verschliessen und über Nacht kalt stellen. Vier bis sechs Geniesser am Tisch, ein wolkenloser Himmel und einige zirpende Grillen im Gras, und schon ist das Sommerglück perfekt.

Sommer

Künstler des Sommers

Grundsätzlich könnte man sagen, Kunst sei die Umsetzung von Phantasie, Kreativität und schöpferischer Kraft in ein Werk, das unser ästhetisches Bewusstsein anspricht, unsere Sinne erreicht und unseren Geist bildet. So gesehen umfasst die Kunst unter anderem die Dichtung und die Musik, die Malerei und die Bildhauerei. Was genau aber ist unter der Kunst des Kochens zu verstehen? Gewiss; Kochen ist zunächst ein Handwerk, es kann sich aber dann zur Kunst erheben, wenn ein Gaumenwerk nicht nur Ausdruck von Kenntnis, Übung und schöpferischen Ideen ist, sondern darüber hinaus auch noch Eigenschaften wie Charakter und verschwenderische Sinnlichkeit ausstrahlt.

Was aber hat dies alles mit uns Alltagskochkünstlern zu tun? Bedeutet das Handwerk Kochen für die meisten Menschen nicht einfach nur Pflicht und für die wenigsten Kür? Auf Übung und Kenntnis können zwar auch wir nicht verzichten, schon deshalb nicht, weil die Freude am Kochen nur dann eine Steigerung erfährt, wenn wir, nebst unseren Händen, auch Herz und Kopf beschäftigen. Nur, zum Künstler werden wir deswegen noch lange nicht, nicht einmal zu einem Künstler des Sommers! Was also macht uns zum Meister? Kunst komme vom Begriff Können; und Können meint auch das Wissen um Dinge, die, selbst wenn sie unbedeutend erscheinen, bedacht werden müssen, wenn wir uns entwickeln wollen. So lange es aber Arbeitsmuster gibt, von denen wir nicht die leiseste Ahnung haben, wie sie angewendet werden, bleiben wir nichts anderes als unwissende Grünlinge, vergleichbar mit einem Maler, der nicht gelernt hat, den Pinsel richtig zu halten! In diesem Zusammenhang denke ich an ein ganz einfaches Beispiel wie an Tomaten und die Kunst, die wohlschmeckenden Sommerfrüchte von der

Haut zu befreien. Hand auf's Herz: Wie oft schon hielten Sie eine blanchierte, glühend heisse Tomate in Händen, die sich zu allem Überfluss wie ein Mus anfühlte? Kamen Sie in einem solchen Augenblick nicht in Gefahr, in Zukunft auf dieses kleine und dennoch wichtige Detail zu verzichten? Um Sie von solch fahnenflüchtigen Gedanken abzubringen, will ich Ihnen erklären, wie Sie vorgehen sollten:

Gibt man mehrere Tomaten gleichzeitig in kochendes Wasser, kühlt dieses zu stark ab und bis es wieder kocht, dauert es – vor allem auf einem Haushaltherd – eine ganze Weile. Die fragilen Früchte bleiben über eine zu lange Zeitspanne im heissen Wasser und anstatt nur die Haut zu lösen, wird das Tomatenfleisch gar gekocht. Richtig ist es, die vom Stielansatz befreiten Tomaten einzeln auf einem Schaumlöffel oder mit der feinen Spitze einer Fleischgabel während ungefähr 12 Sekunden in sprudelndes Wasser zu halten und danach sofort in eiskaltem Wasser abzukühlen, mit dem Ziel, den Garprozess zu unterbrechen.

Es sind die heissen Sommertage, wo die Lust auf üppiges Essen klein, auf kleine, wohlschmeckende Köstlichkeiten aber gross ist. Da könnten geröstete Brotscheiben, in Italien Crostini genannt, die ideale Lösung sein, wobei sich nicht nur Tomaten auf knusprigem, noch warmem Brot wohlfühlen. Denken Sie nur an eine dicke, würzige Gemüsevinaigrette oder an fein gewürfelten Räucherlachs, den Sie unter einen Meerrettichrahm mischen. Oder was halten Sie von hauchdünn aufgeschnittenen Rohschinkenscheiben, die mit frisch gemahlenem schwarzem Pfeffer bestreut werden? Oder wie stehen Sie zu fein geschnittenen Kräutern an Olivenöl und Balsamicoessig, die Sie mit Kapern, gehackten schwarzen Oliven und gehackten Sardellenfilets anreichern? Und ganz so nebenbei (in imaginären Klammern) bemerkt: Im Herbst, wenn die weissen Trüffel auf den Markt kommen – allein daran zu denken, fa venire l'acqualina in bocca!

Crostini al pomodoro

Pro Person eine grosse Tomate kurz blanchieren, die Haut abziehen, Saft und Kerne auslösen. Das Tomatenfleisch etwa 5 mm klein würfeln, auf einem flachen Teller ausbreiten, mit fein geschnittenen Frühlingszwiebeln, einem Hauch Knoblauch und weissem Pfeffer aus der Mühle würzen, mit allerfeinstem Balsamicoessig und Olivenöl beträufeln und mit geschnittenem Basilikum bestreuen. Weil Salz die Eigenschaft hat, einem Produkt Wasser zu entziehen, werden die Tomaten erst kurz vor dem Servieren mit Meersalz (oder mit normalem Salz) bestreut.

Das Brot – wozu sich sowohl ein Bauernbrot als auch eine Parisette eignet – in ungefähr ½ cm dicke Scheiben aufschneiden. Eine grosse, weisse Knoblauchzehe, mikrofein geschnitten, unter weiche Butter mischen, die Brotscheiben mit einem Spachtel beidseitig mit der Knoblauchbutter bestreichen, auf ein Kuchengitter legen und bei 220 °C während ein paar Minuten golden und knusprig backen. Die noch warmen Brotscheiben mit den wohlschmeckenden Tomatenwürfelchen belegen und sofort servieren.

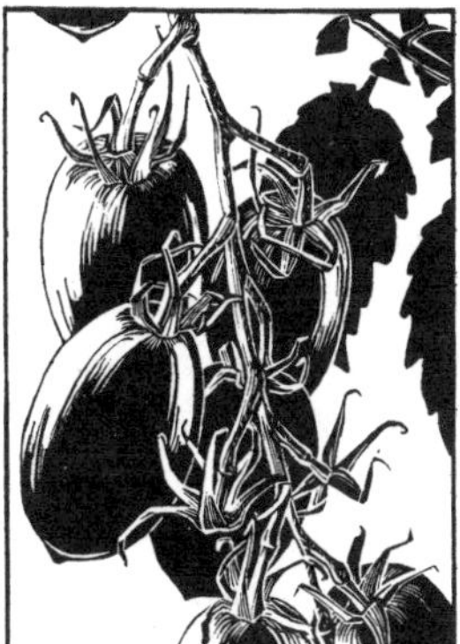

Und man liebt sie doch

Auch wenn sie als Mordwerkzeuge taugen und in der Geschichte manchem ungeliebten Nebenbuhler zum Verhängnis wurden; obwohl sie mit ihren eleganten und bizarr geformten Hüten eher mit den Damen auf der Pferderennbahn von Ascot als mit dem Besenritt in Walpurgisnächten in Zusammenhang gebracht werden sollten, und obschon sie biologisch betrachtet für den Vergleich mit Fleisch jeglicher Grundlage entbehren, weil in ihnen Vitamine, Mineralstoffe und Eiweiss nur in geringen Mengen vorkommen und sie zudem mit ihrem hohen Gehalt an Chitin schwer verdaulich sind – man liebt sie doch, die Pilze.

Wie viele von den rund 120 000 weltweit bekannten Pilzarten essbar, wie viele nur ein wenig «tödlich» und wie viele am «tödlichsten» sind, ist eine umstrittene Frage. Geht man von einer Schrift aus dem 16. Jahrhundert aus, ist keine einzige der Gesundheit zuträglich. Trotz versteckten Toxinen und radioaktiven Substanzen werden heute dennoch beinah zweitausend Pilze als geniessbar bezeichnet. Allein schon die vielen Vorbehalte könnten für den unkundigen Sammler Anlass sein, sein Wohlbefinden beim Durchstreifen von Wäldern mehr an den Schönheiten der Natur wie an Schachtelhalmen, verschiedenen Farnen, wild wachsendem Buchweizen und weiss blühenden Taubnesseln zu orientieren, als sich bedenkenlos auf den Genuss von selbstgesammelten Pilzen zu freuen!

Die Familie Reizker mit dem Erdschieber zum Beispiel – so genannt, weil er während des Wachstums den Boden anhebt und gleichzeitig verschiebt – ist mit seinem hellbraunen Hut und den weissen Lamellen jederzeit mit dem essbaren Speisetäubling zu verwechseln. Giftig im eigentlichen Sinne soll der Erdschieber zwar nicht sein, nur eine unangenehme, ätzende Wirkung scheint er zu haben … Verfärbt sich bei einem seiner nächsten Verwandten die weisse Milch auf Druck orangefarben, handelt es sich um den *lactarius deliciosus*, und er ist geniessbar, beim *lactarius turpis* hingegen, auch Mordschwamm genannt, scheint ein bisschen mehr Vorsicht angebracht zu sein, wogegen beim *lactarius rufus* mit seiner scharfen Milch die Meinung besteht, er sei für den Menschen ungeniessbar, bedeute aber für Schafe und Ziegen einen grossen Leckerbissen.

Wird unter einer Tanne ein Fliegenpilz entdeckt, hat man Grund zum Jubilieren; nicht etwa, weil man sich in die Ewigkeit absetzen möchte, sondern weil in der Nachbarschaft des Knollenblätterpilzes mit dem roten Hut und den weissen Hautfetzen meist auch Steinpilze stehen. Die Pilze bilden nämlich auf demselben, für beide äusserst idealen Biotop eine überaus glückliche Lebensgemeinschaft. Die Eierschwämmchen wiederum bevorzugen sauren Boden und wachsen deshalb am liebsten im grünen, samtenen Moosbett. Mit dem feinen, leicht süsslichen und nach Nüssen duftenden Geschmack gehören sie – nebst den königlichen Steinpilzen – zu den beliebtesten und am häufigsten zubereiteten Pilzen.

Sautierte Eierschwämmchen

Für 2 Personen ungefähr 250 g möglichst kleine Eierschwämmchen putzen und nur notfalls kurz unter kaltem Wasser abbrausen. In einer Bratpfanne ungefähr 1 EL Öl rauchend heiss werden lassen, die Pilze zufügen und so lange bei grosser Hitze sautieren, bis sich der austretende Pilzsaft reduziert hat. Danach die Hitze etwas zurückstellen, ein baumnussgrosses Stück Butter, eine kleine, fein geschnittene Lauchzwiebel sowie eine Messerspitze von feinst geschnittenem Knoblauch zufügen, vorsichtig salzen, mit frisch gemahlenem weissem Pfeffer würzen und die Pilzchen unter ständigem Bewegen der Pfanne während weiterer 5 Minuten sautieren. Zum Schluss mit fein geschnittener Petersilie und knusprig gebratenen Rohschinkenstreifen bestreuen.

Der hängende Garten

Erinnerungen sollen mit unserer Fähigkeit zu tun haben, Erfahrungen und Erlebnisse in unserem Gedächtnis zu speichern, um sie nach Bedarf wieder abzurufen. Mit etwas Phantasie können Erinnerungen aber auch wie kostbare Bilder sein. Werden sie nämlich als einzelne kleine Punkte dicht nebeneinander gesetzt – gerade so, als hätte der Begründer des Pointillismus, Georges Seurat (1859–1891), den Pinsel geführt –, wird unsere eigene Geschichte auf eindrücklichste Weise sichtbar. Je nachdem, wie heiter und licht oder schwer und dunkel mit den Farben des Lebens gespielt wurde, sehen wir mehr oder weniger vergnügt auf unsere gegenständlich gemalte Vergangenheit hin.

Die wohl heitersten Punkte auf meinem Lebensbild sind die Erinnerungen an mein Babylonien, und damit kann wohl kaum die geschichtliche Landschaft im Tal von Euphrat und Tigris als einer der Ausgangspunkte alter Kulturen und grosser Reiche gemeint sein. Oh, nein! Unter meinem Babylonien verstehe ich den hängenden Garten meiner Kindheit, der zwar nicht – wie die Hängenden Gärten Babylons – zu den sieben Weltwundern gerechnet werden konnte, doch mit seiner Fruchtbarkeit und den Sommertagen mit Körben voll von reifen Früchten durchaus etwas Prachtvolles an sich hatte. Wie verschwenderisch schön war allein die Zeit der Aprikosen mit ihrem süssen Duft und dem saftigen Fruchtfleisch!

Vor allem waren es Tage der unvergleichlichen Freude, im grünen Blattwerk ebenso viele Wespen zu vertreiben wie Früchte zu pflücken! Während die verführerischsten Exemplare schon auf der Leiter in den Naschmäulern verschwanden, erschienen die behutsam in die Körbe gefüllten Aprikosen als Konfitüre zum Frühstück, als Kompott zum Nachtisch, als Kuchen zum

Abendessen und schliesslich püriert, mit Rahm vermischt und im Holzbottich auf Eis gedreht, auf dem Sonntagstisch. Was von den Früchten übrig blieb, wurde im Backofen gedörrt oder in Gläsern eingemacht und half als Farb- oder Vitamintupfer die kalte Jahreszeit besser zu überstehen. Und weil sich solche Zeiten des Überflusses mit dem Kirsch-, Aprikosen-, Apfel- und Birnbäumen oder den unzähligen Beerensträuchern beinah nahtlos aneinander reihten, können meine Erinnerungen nichts anderes als glückliche, babylonische Züge tragen.

Wie alle Früchte haben auch Aprikosen ihre eigene Kulturgeschichte. Doch wie diese genau verlaufen ist und wie jene ihren Weg von ihrem Ursprungsland China nach Europa fanden; ob sie von den Griechen der Antike tatsächlich verschmäht und von den Römern besonders geliebt wurden und ob sie nach dem Verfall des Römischen Reiches unstreitig bis zur Zeit der Kreuzzüge von den Tischen wegblieben, war für mich nicht deutlich auszumachen. Ausgesprochen fragwürdig aber scheint die Auslegung, die Bäume mit den sonnenfarbenen Früchten würden nur in einem milden, mediterranen Klima gedeihen, wo doch mein hängender Kindheitsgarten von Juragestein getragen wurde! Gewiss ist demnach nur, dass die Aprikosen Früchte des Sommers sind. Und weil uns die Sommerhitze zuweilen ganz schön zu kalten Naschereien verführt, sei nachfolgend eine zwar einfache, aber sehr geschmackvolle (im Übrigen für alle Steinfrüchte geeignete) Idee notiert, damit auch Sie sich – wie eine honighungrige Wespe – in einem hängenden Garten voll süsser Düfte fühlen.

Délice aux apricots

Für vier Personen 400 g vollreife Aprikosen kurz unter kaltem Wasser abspülen, danach mit 1 dl Wasser, ½ Vanillestange und – je nach Zuckergehalt der Früchte – 1–2 EL Zucker so lange köcheln, bis sich das Fruchtfleisch vom Stein löst. Vanillestange und Steine entfernen, die Früchte mit einer Gabel aus dem Sirup in einen hohen Mixbecher stechen. Den Sirup selbst bei grosser Hitze auf die Menge eines Esslöffels reduzieren, zu den Aprikosen fügen, alles mit dem Mixstab fein pürieren und nach Geschmack mit Aprikosenlikör aromatisieren. Das ausgekühlte Fruchtpüree in Gläser füllen, Vanille- oder Honigeis darauf setzen und mit Pfefferminzblättchen garnieren.

Mon Dieu – moyeu!

Die einen berichten, Duc de Richelieu habe die Sauce nicht nur erfunden, sondern ihr unmittelbar nach der Einnahme von Port-Mahon im Jahre 1756 den Namen «Mahonnaise» gegeben. Andere wollen wissen, ihr Name habe etwas mit einer missratenen «Sauce bayonnaise», einer Spezialität von Bayonne, der alten Handelsstadt im Süden Frankreichs, zu tun. Anders sah es Marie-Antoine Carême (1783–1833). Der grosse Koch vermutete, ihr Name sei im Verb «manier» zu suchen, weshalb sie «magnionnaise» heisse. «Le gros bonnet» Prosper Montagné (1864–1948) hingegen vermutete, ihr wahrer Name sei vom alten französischen Wort «moyeu» (für Eigelb) abgeleitet worden, deshalb werde Mayonnaise – um die es hier geht – im Volksmund «moyeunaise» genannt. Müssen dies schöne Zeiten gewesen sein, als man sich noch um den Ursprung des Namens und nicht um Marktanteile stritt!

Wie dem auch sei; die Mayonnaise ist eine der erstaunlichsten kalten Saucen, deren Grundbestandteile Ei und Öl durch sorgfältiges Aufschlagen eine Emulsion bilden müssen. Voraussetzung für ein gutes Gelingen sind Zutaten, die Raumtemperatur haben und von allerbester Qualität sein sollten. Das Aufschlagen einer Mayonnaise jedenfalls hat nichts mit ab- oder zunehmendem Mond und weiteren Märchen, höchstens mit ein bisschen Gefühl und Courage, vor allem aber mit einem erprobten Rezept zu tun:

Ein ganzes Ei und ein Eigelb, eine Prise Salz sowie ½ TL Dijonsenf mit dem Schneebesen (oder mit einem Handrührgerät) erst zu einer Crème schlagen, bevor Sie ungefähr 2 dl Öl so lange tropfenweise unter die Eier arbeiten, bis Ihnen ein gutes Gefühl sagt, dass nun das restliche Öl in einem feinen Strahl eingearbeitet werden kann. Doch genau dort lauert eine kleine Gefahr: müssen die Eier zu viel Öl auf einmal aufnehmen, können sich Eier und Öl trennen. Bleiben Sie also vor allem zu Beginn aufmerksam, so dass es gar nicht erst zu einer Rettungsaktion kommt, die bestenfalls im Zufügen von wenig warmem Wasser liegt. Ansonsten muss die geronnene Eier-Öl-Mischung in kleinen Mengen neu unter ein frisch aufgeschlagenes Eigelb gearbeitet werden. Die Mayonnaise zum Schluss mit einer Spur Curry sowie einem Hauch Cayenne würzen und mit Zitronensaft aromatisieren.

Und nun? Wozu soll sie dienen, die Mayonnaise? Es ist Sommer! Es ist die Zeit, in der die Schmetterlinge den Garten als Ballsaal benutzen und der gekühlte Wein auf dem Steintisch an südliche Landschaften erinnert. Es sind die Tage, in denen wir unsere kulinarischen Wünsche auf die kühlen Herbstabende verschieben und uns nur noch nach einem Gemüse-, Geflügel- oder Fischsalat sehnen, zur Abwechslung angemacht an einer herzhaften Sauce, deren Basis die Mayonnaise ist. Oder wir verwandeln die Mayonnaise durch das Zufügen von fein geschnittenen Kräutern, Zwiebelchen, Kapern, fein gehacktem Ei und fein gewürfelten Salzgurken zu einer Sauce «Remoulade» oder «Sauce tartare» und servieren sie zu kalt aufgeschnittenem Fleisch. Oder wir bauen uns ein Sandwich, das so hoch ist wie das Empire State Building in New York.

Clubsandwich

Man beginnt – wie das beim Bauen so üblich ist – ganz unten: Auf eine Scheibe getoastetes Brot in Streifen geschnittene Eisbergsalatblätter schichten, darauf 2–3 mit Salz und frisch gemahlenem Pfeffer gewürzte Tomatenscheiben legen, und diese mit dünn aufgeschnittenem (pochiertem oder gebratenem) Geflügelfleisch belegen. Dies alles mit leicht fliessender Mayonnaise überziehen, mit knusprig gebratenen Speckscheiben belegen, mit einer getoasteten Brotscheibe abschliessen – und weitere Etagen einfach auf das Fundament setzen. Übrigens: Eine leicht fliessende Mayonnaise erreichen Sie durch das Zufügen von wenig flüssigem Rahm oder 1–2 EL Crème fraîche.

Ein grünangestrichener Winter

Hat einer in Düsseldorf das Licht der Welt erblickt, in Frankfurt und Hamburg, in Bonn, Göttingen und Berlin gelebt, kann ihn die Sonne des Südens nicht oft gestreichelt haben. Deshalb erstaunt es nicht, dass Heinrich Heine auf seiner «Reise von München nach Genua» (1830/31) dazu kam, festzustellen: «… unser Sommer ist nur ein grünangestrichener Winter.» Wie aber dachte Goethe über das Klima des Nordens? Nachdem die Sehnsucht nach Italien, dem Land seiner Jugendträume, übermächtig geworden war und der Geheimrat am 3. September 1786 seine «Italienische Reise» angetreten hatte, schrieb er drei Monate später an Charlotte von Stein: «… Vielleicht fände ich jetzt, da mein Auge geübter ist, auch nordwärts mehr Schönheiten.»

Mag sein, dass unser Sommer ein «grünangestrichener Winter» geblieben ist, aber auch die «nordwärts» gelegenen Schönheiten haben die Zeiten überdauert; die Frage ist nur, ob wir sie sehen können. Natürlich zeigt sich der Sommerhimmel manchmal in modischem Grau, liegen auf den Gräsern und Blumen gelegentlich schwere Regentropfen und tut der Nebel zuweilen so, als hätte er den Herbstanfang verpasst. Nur, ist es wirklich so schwierig, sich vorzustellen, die Sonne könnte an solchen Tagen nichts anderes als ein Versteckspiel treiben und keineswegs die Absicht haben, uns des Lichts, der Farben und der Düfte dieser heiteren Jahreszeit zu berauben? Solange Schmetterlinge die Wiesen als Ballsaal benutzen und reife Früchte in den grünen Blättern leuchten, ist die Zeit des Sommers – diese meteorologische Tatsache schleckt keine Katze weg! Allerdings weiss unser Kopf über die Jahreszeiten sehr wohl Bescheid. Oder ist uns an verregneten Sommertagen tatsächlich so kalt, dass wir Lust auf ein wärmendes Winteressen haben? Anders gefragt: Halten wir uns trotz zeitweilig schlechter Wetterlaune nicht grundsätzlich an leichte Gerichte, gerade so, als wollten wir die Sommerhitze trotz aufgespanntem Regenschirm erträglicher gestalten? Vielleicht müssen wir ab und zu nach den Merkmalen des Sommers suchen – nie sind seine schönsten Attribute leichter zu finden als in diesen Tagen, wo sie in Waldlichtungen, an Wegrändern oder auf dem Markt um die Wette duften: die verführerisch süssen und erfrischend säuerlichen, die leuchtend roten und mehr oder weniger schwarzen Sommerbeeren! Zwar sind Beeren keineswegs auf prächtige Inszenierungen angewiesen; schon eine Spur Zucker und ein paar Tropfen Zitronensaft genügen, um ihr schönes, natürliches Aroma zu unterstützen. Doch wenn selbst ein grauer Tag zu einem heiteren Sommertag werden soll, braucht es ein paar wenige Zutaten mehr, nämlich Ihre Lust und Neugier auf die faszinierendste aller Zubereitungsarten, die Beerensuppe.

Beerensuppe

Je 100 g vollreife Erdbeeren, Johannisbeeren, Stachelbeeren und Himbeeren verlesen und die Blütenansätze entfernen. Die eine Hälfte (200 g) für die Suppe, die andere Hälfte (200 g der schönsten Beeren) als Suppeneinlage vorsehen. In einem hohen Topf 100 g Zucker golden caramelisieren lassen und danach mit ½ dl Wasser ablöschen. Je 1 dl Orangensaft, Himbeerliqueur und Rotwein, je ½ Zimt- und Vanillestange sowie je 1 fingerlange Orangen- und Zitronenzeste (ohne die weissen, bitteren Häutchen) zufügen und alles kurz zum Kochen bringen. Die eine Beerenhälfte beigeben und wie eine Confiture bei relativ hoher Hitze um etwa die Hälfte einkochen lassen. Die völlig verkochten Beeren mit dem Rücken eines Schöpflöffels durch ein feines Sieb in eine Schüssel pressen, die aussortierten Beeren unter das noch heisse Püree ziehen und – ausgekühlt – bis zum Gebrauch möglichst kalt stellen. Die Sommersuppe in tiefe Teller verteilen und mit Crème fraîche – oder mit einer geeisten Vanillesauce oder mit einem Löffel Vanille- oder Honigeis – und fein geschnittenen Pfefferminzblättchen servieren. Mmh! Wie das duftet!

Die Zeit wird knapp

«Zu dem Adler sprach die Taube: ‹Wo das Denken aufhört, da beginnt der Glaube.› ‹Recht›, sprach jener, ‹mit dem Unterschied jedoch, wo du glaubst, da denk' ich noch.›»

Eigentlich ist die Zeit viel zu knapp, um sich noch philosophische Gedanken zu machen und sich zu überlegen, wie hoch man fliegen, wie weit man die Flügel spannen und aus welcher Sicht man die Welt betrachten möchte. Aber weil Glauben und Denken ohnehin nicht dazu da sind, sich aufzuheben, sondern zu ergänzen, sollte man vielleicht beides tun, nämlich wie die Taube glauben und wie der Adler denken. Aber wo die Taube glaubt, die Gestirne würden demnächst herunterfallen und der Himmel einstürzen? Wie gut, ein kluger Adler zu sein, und sei es nur, um nachzudenken, was man denn noch tun könnte, bevor das, was die Taube glaubt, wirklich eintritt. Gewiss, die Zeit wird knapp, und dennoch bleiben tausend Augenblicke, um diese Welt mit all ihren Schönheiten noch einmal zu umarmen und die lustvollsten Dinge zu tun, wie etwa über einen Markt zu gehen und sich von den Früchten des Sommers verführen zu lassen. Und weil diese sich mit ihren Farben, Formen und Aromen nie schöner zeigen als gerade in diesen Tagen, könnte die Endzeitstimmung in ein heiteres Fest der Sinne verwandelt werden. Was es dazu braucht? Nebst einem Korb voller Sommergemüse und frisch gepflückter, duftender Kräuter nicht viel mehr als ein paar liebenswerte Tischgenossen, die allein schon mit einem Sommergericht den endzeitlichen Glückszustand erreichen! Damit dieser paradiesische Zustand aber überhaupt erlebt werden kann, gibt es noch ein paar wenige, ganz irdische Dinge zu beachten.

Zum einen sind die Zutaten für das nachfolgende Rezept für zwei Geniesser gedacht, doch nichts macht weniger Mühe, als die Menge der Runde anzupassen. Zum anderen gibt es einige Bemerkungen zu den Produkten, beziehungsweise zum Umgang mit ihnen, zu beherzigen. So sollten die Zwiebeln unbedingt von jener weissen Sorte sein, wie sie mit ihrem süsslichen Geschmack nur in der Sonne des Südens gedeihen. Und was die Sommerfrüchte wie Peperoni und Tomaten betrifft, schmecken sie bedeutend feiner, wenn sie von der Haut befreit werden: Bei den Peperoni wird der Stielansatz entfernt, die Frucht den Einbuchtungen entlang geteilt, Samen und Trennhäutchen werden ausgelöst und die einzelnen Teile mit der Hand etwas flachgedrückt. Derart vorbereitet, lässt sich die Haut mit einem Sparschäler problemlos abziehen. Um die Haut von den Tomaten abzuziehen, werden die Früchte – einzeln – während etwa 15 Sekunden in kochendes Wasser gelegt und kurz in eiskaltem Wasser abgeschreckt. Alles übrige steht im Rezept für das schönste aller Gratins. Mit Lammkoteletts vom Grill serviert – gibt es, wenn es denn wirklich geschehen sollte, dass demnächst der Himmel einstürzt und die Gestirne herunterfallen, wie die neuzeitlichen Propheten meinen, eine lustvollere Art, sich von dieser Welt zu verabschieden?

Le gratin des gratins

1 weisse Zwiebel halbieren, in feine Streifen schneiden und in 2 EL feinstem Olivenöl zu honiggelber Farbe dünsten. Je 1 geschälte gelbe und rote Peperoni in etwa 2 cm grosse Quadrate schneiden, zu den Zwiebeln geben, vorsichtig salzen und zugedeckt bei kleiner Hitze gar schmoren. 2 geschälte und entkernte Fleischtomaten etwa 3 cm gross würfeln, je 1 Aubergine und Zucchini in ½ cm dicke Scheiben schneiden. Den Backofen auf 220 °C vorheizen, eine Gratinform von 20 cm Durchmesser mit relativ hohem Rand ausbuttern. Das Zwiebel- und Peperonigemüse auf dem Boden der Form verteilen, alternierend mit Aubergine, Zucchini und Tomaten auffüllen, dabei die einzelnen Lagen vorsichtig mit Salz und weissem Pfeffer aus der Mühle würzen. 2 grosse Knoblauchzehen in eine Tasse pressen, 2 EL fein geschnittene frische Kräuter wie Lorbeer, Thymian, Petersilie, Basilikum und Majoran hinzufügen, ½ dl Olivenöl zugiessen und über dem Gemüse verteilen. Die Form auf die mittlere Rille des Backofens stellen und das Gemüse während etwa 1 Stunde schmoren lassen, wobei nach ½ Stunde eine Alufolie über die Form gelegt wird, damit die Kräuter nicht verbrennen.

«Bei die Hitze?»

Ob eisige Winde durch die Stadt wehen oder die Sonne heiss auf den Dächern liegt, ob einer Arbeit hat oder dem Müssiggang nachgeht, wenn ein Berliner etwas nicht tun will, braucht er den sprichwörtlichen Vorwand: «Bei die Hitze?» Und wir sollen kochen? «Bei die Hitze»? Welch absurder Gedanke! Was aber wird der Gaumen von uns halten, wenn wir ihm die kulinarischen Freuden entziehen? Keine Sorge; er wird uns die Unbekümmertheit des Sommers verzeihen, sofern wir ihm sonst Gutes tun, und sei es nur mit einem Salat. Doch was heisst nur Salat, wo schon Monsieur Brillat-Savarin (1755–1826) der Überzeugung war: «La salade réjouit le cour.» Allerdings hätte der berühmte Feinschmecker in seinem humor- und geistvollen Buch «Physiologie du goût» durchaus auch schreiben können, Salate erfreuten nicht nur das Herz, sondern auch die Sinne. Dabei genügt es, vorerst nur die Augen zu schliessen und uns vorzustellen, wie gross das Vergnügen sein müsste, frühmorgens über einen Markt zu schlendern und uns vom unermesslichen Reichtum an Gemüse und Salaten verführen zu lassen! Denn die Sinnesfreuden liegen nicht erst wohlgeordnet auf dem Teller, sie haben auch einen Anfang, und der liegt beim lustvollen Einkauf. Allein das Angebot an Blattsalaten, das sich vor nicht allzu langer Zeit noch auf ein paar einheimische Sorten beschränkte, macht es mit den zahlreichen Neuzüchtungen leicht, uns bunte Tellerbilder auszumalen. Sich dabei Gedanken über Rezepte zu machen ist müssig, und dennoch gibt es ein paar Möglichkeiten, die Blätter etwas reizvoller als üblich in Szene zu setzen. Ich denke dabei an duftende Kräuter, fein geschnittene Frühlingszwiebelchen und an ein wachsweich gekochtes Ei; ich denke auch an geröstete Speck- und Brotwürfelchen, mit denen der Salat bestreut wird, und an einige Parmesanschnipsel, die auf den bunten Blättern liegen. Oder was halten Sie von einem frisch gepflückten Steinpilz, der roh, in Scheiben geschnitten und mit wenig frisch gemahlenem Pfeffer gewürzt, zwischen die Salatblätter gesteckt wird? Sind dann auch noch Essig und Öl von feinster Qualität, könnte unser kulinarisches Sommerglück schon fast perfekt sein, gäbe es nicht auch das Spiel mit Gemüse zu spielen. Dabei ist die Rede weniger von Rohkostsalaten, wie sie gelegentlich gleich der Farbpalette eines Malers daherkommen, als von Gemüse, das, auf den Punkt gekocht und noch lauwarm in einer köstlichen Vinaigrette gewendet, ungeahnte Gaumenfreuden möglich macht. Nichts soll Sie hindern, auf der Bühne eines grossen Tellers eine einzige Gemüsesorte die Hauptrolle spielen zu lassen, andererseits ist ein versammelter Chor von verschiedenen Aromen und Düften eben auch ein Erlebnis. Die Inszenierung macht dann zwar ein bisschen mehr Arbeit – «bei die Hitze»? Doch schmecken nicht gerade «bei die Hitze» Salate am köstlichsten?

Gemüsesalat mit Ingwer

Für zwei Personen 400 g gemischtes Gemüse (z. B. Blumenkohlröschen, Garten- und Zuckererbsen, Karotten, feine Bohnen, Frühlingszwiebeln, junger Lauch, Kohlrabi oder was der Markt gerade bietet) rüsten, je nach Grösse ganz lassen oder etwas kleiner schneiden, in mässig gesalzenem Wasser auf den Punkt kochen und danach auf einem Sieb gut abtropfen lassen. In der Zwischenzeit 3 EL Crème fraîche, 1 EL Traubenkernöl, 1 EL feinsten Sherry-Essig, 1 EL Honigwasser (1 Msp. Honig in 1 EL heissem Wasser auflösen) zu einer Sauce rühren, vorsichtig mit Salz, einer Spur Curry, einem Hauch Cayenne und frisch gemahlenem Koriander würzen und mit 1 TL frisch geriebenem Ingwer aromatisieren. Das noch lauwarme Gemüse unter die Sauce heben, auf grossen Tellern anrichten und mit fein geschnittenem Schnittlauch bestreuen. Ob Sie mit dem Gemüsesalat ein weiteres Spiel treiben wollen, hat schliesslich mit Ihrem Appetit oder Ihrer Phantasie zu tun. Denn selbstverständlich würden dem Salat auch ein Stück Fisch oder ein paar Langustinen vom Grill (mmh!) überaus gut anstehen.

Gut für alles

Mönche jubelten: «Die Kartoffel ist ein Geschenk Gottes für die Indianer und ein Leckerbissen für die Spanier.» Vor der «Pflanze mit giftigen Eigenschaften, die sehr oft verwechselt wird», wurde aber auch gewarnt. So war beispielsweise der Forscher Clusius 1601 überzeugt, dass sie blähe, vor allem, wenn man sie roh esse, um gleichzeitig hinzuzufügen, «manche gebrauchen sie, um ‹Venus› zu erregen». Andere Botaniker rieten, den Saft zu trinken, denn er bekämpfe Impotenz und weibliche Sterilität, und andere lobten sie, weil sie «das Liebesspiel anregt». Und es gab Gelehrte, die glaubten, in ihr das Geheimnis für ein langes Leben entdeckt zu haben. Besonders phantasievoll aber war das Vokabular der Ärzte, denn sie ordneten der Kartoffel alle nur denkbaren Heilkräfte zu. Für sie war die wundersame Knolle nicht nur entgiftend, sondern auch verdauungsfördernd, Kopfschmerzen und Rheumatismus lindernd bis hin zu Hysterie bekämpfend und Blasensteine verhindernd. Sicher hat das Heil- und Wundermittel viele Krankheiten lindern und andere schöne Wirkungen erzeugen können, man musste wahrscheinlich nur fest daran glauben!

Nun war aber nicht nur die unterschiedliche Beurteilung der Kartoffel und ihrer Wirkung verwirrend, auch der Anspruch der verschiedensten Abenteurer, die Kartoffelpflanze nach Europa gebracht zu haben, führte zu zahlreichen Legendenbildungen. Der soziale Aspekt dieses einstmals so umstrittenen Nahrungsmittels hingegen wurde bald einmal klar definiert, auch wenn die Kartoffel zunächst dem «tiefsten bäuerlichen Elend» gleichgesetzt wurde und im Klassenbewusstsein eine wichtige Rolle zu spielen schien. Der noch geringschätzigen Ansicht, «Leute eines gewissen Standes halten es für unter ihrer Würde, Kartoffeln auf den Tisch zu bringen», hielt in der Mitte des 18. Jahrhunderts die «Grande Encyclopédie» entgegen: «Der Anbau dieser äusserst gesunden und wohlschmeckenden Pflanze verbreitet sich heute immer weiter, und die Hungersnöte in ganz Europa haben zum Verzehr eines Nahrungsmittels beigetragen, das genauso auf den Tisch der Reichen wie der Armen gehört.»

Die Geschichte der Kartoffel ist so komplex, dass der Versuch, sie ein wenig auszuleuchten, nur ein paar ausgewählte Streiflichter hervorbringen kann. Die Geschichte ist aber auch von solch faszinierenden, reichen Schattierungen, dass man weit suchen muss, bis man ein Nahrungsmittel entdeckt, das mit der historischen Bedeutung dieser anspruchslosen Pflanze gleichziehen könnte. Was an kulturhistorischem Wissen, an naturwissenschaftlichen Erkenntnissen und kulinarischen Erfahrungen mit der Kartoffel hinterlassen wurde, muss für die Küchenreformer des späteren 19. Jahrhunderts bei der Entwicklung neuer Zubereitungsarten ein beachtliches Vermächtnis bedeutet haben. Am eindrücklichsten aber wird der Wert der Knolle in einem Gebet verdeutlicht, und dies in einer Zeit, in der die Hungersnöte von 1793 und 1817 kaum vorauszusehen waren. Um 1570 bittet nämlich der Jesuit Christoval de Molina seinen Gott, «die Früchte der Erde, die Kartoffel und andere Speisen zu mehren, damit der Mensch nie mehr Hunger und Elend leide».

Bunter Kartoffelsalat

Aus 1 EL feinstem Weissweinessig, 2 EL feinstem Öl, 2 EL kräftiger Bouillon, Salz, frisch geriebenem weissem Pfeffer und einer Spur Curry eine Vinaigrette rühren. 250 g Frühkartoffeln in der Schale gar kochen, noch warm schälen, in kleine Würfel von etwa 1 cm schneiden und in der Vinaigrette marinieren lassen. 30 g grüne, blanchierte Gartenerbsen, ein hart gekochtes, fein gewürfeltes Ei, 1 fein geschnittene Frühlingszwiebel, 1 EL fein geschnittener Staudensellerie sowie eine klein gewürfelte Tomate (ohne Haut, Saft und Kerne) sorgfältig unter die Kartoffeln mischen und zum Schluss behutsam 2 EL Crème fraîche unterziehen, mit knusprig gebratenen Speckwürfelchen und fein geschnittenem Schnittlauch bestreuen.

Stecknadelkopfgross

Es war einmal. Schneewittchen fand bei den sieben Zwergen ein Tischlein mit sieben Tellerlein, sieben Löfflein, sieben Messerlein, sieben Gäblein und sieben Becherlein vor. Hätten die Gebrüder Grimm das Schneewittchen ein Kochbuch schreiben lassen, wäre darin zweifelsohne auch von Würfelchen, Streifchen, Schüsselchen und Pfännchen zu lesen gewesen. Mir ist, als existiere das Schneewittchen noch heute, als habe es nicht nur eines, sondern mehrere Kochbücher geschrieben und verwende darin dieselbe Märchensprache, allerdings nicht, um die Phantasie von Kindern, sondern jene von erwachsenen Menschen anzuregen.

Zweifelsohne ist die Sprache ein wunderbares Mittel der Verständigung unter Menschen. Wir können damit lange Briefe schreiben, Gedanken und Gefühle zum Ausdruck bringen; wir können mit ihr aber auch allerlei Dummheiten anstellen oder sie so verändern, dass sie einer noch besseren Verständigung dient. Mit der Verkleinerungsform in Märchen zum Beispiel, soll die Grösse der Dinge veranschaulicht werden. Das Diminutiv in Rezepten zu verwenden, geschieht in derselben Absicht, weil diese Sprachform die einzige Möglichkeit ist, Grössenverhältnisse illustrativer zu beschreiben. Die Verkleinerungsform in Kochbüchern ist demnach weniger eine emotionale Sprache als vielmehr eine sinnvolle Wegbeschreibung zur feinen Küche.

Schon der Schriftsteller und Jurist Brillat-Savarin, durch seine geist- und humorvolle Therorie der Tafelfreuden in seinem 1825 erschienenen Werk «Physilogie du goût» berühmt geworden, hatte es meisterhaft verstanden, durch das Wort innere Bilder zu erzeugen. Können Sie sich zum Beispiel einen Stecknadelkopf vorstellen? Ausgerechnet dieses Schneiderutensil diente Brillat-Savarin, um die Grösse der kleinen Knospen des orchideenhaft blühenden Kapernstrauches zu illustrieren. Damit sollte aber nicht nur die Grösse veranschaulicht, sondern vor allem auch deutlich gemacht werden, dass Kapern dem Gaumen nur dann Freude bereiten, wenn sie nicht grösser als stecknadelkopfgross sind. Wie recht Brillat-Savarin hatte! Allerdings schmecken diese winzig kleinen Kapern, als Non pareilles bekannt, nicht nur besonders delikat, sie sind auch nicht überall erhältlich und um einiges kostspieliger als die in nächste Klassen eingeteilten.

Nur dort, wo der Kapernstrauch mit seinen Dornen, ledrigen Blättern und wunderschönen Blüten seine Heimat hat, ist die Grösse der Knospen überhaupt kein Thema: denn unabhängig davon, ob sie klein und zart oder gross und prall sind, wissen die Menschen im ganzen Mittelmeerraum damit höchst geschmackvoll umzugehen: Die Kapern werden nicht – wie für den Export bestimmt – in eine Essiglösung, sondern in Meersalz eingelegt. Diesen würzigen Geschmack im Gaumen anklingen zu lassen, lässt unvermittelt Bilder von heiteren Landschaften entlang felsiger Küsten entstehen, von verschwenderisch bunten Märkten und Wahrnehmungen der Sinne, die unwillkürlich die Sehnsucht nach einer Küche voller Heiterkeit weckt. Doch allein schon mit einem Compot aux câpres bauen wir eine Brücke, die uns ziemlich nah an die Sonnenländer und ihre Gaumenfreuden heranführt. Die Krux ist nur: in diesem kleinen Sommergericht alle Aromen und Düfte des Südens zu versammeln, ist eines; die Zutaten in so kleine Würfelchen und Streifchen zu schneiden, dass es sich den stecknadelkopfgrossen Knospen des Kapernstrauches anpasst, etwas ganz anderes. Oder vielleicht doch nicht? Weil wir inzwischen die Bedeutung der Märchensprache in Rezepten erkannt und damit die Wegbiegung zur feinen Küche gefunden haben?

Compote aux câpres

Je 2 EL Würfelchen aus Karotte, Lauch, Stangensellerie und Zucchini kurz in wenig Salzwasser blanchieren und auf einem kleinen Drahtsieb abtropfen lassen. Je 1 Frühlingszwiebel und Knoblauchzehe genauso fein schneiden. Das Fleisch einer Tomate (ohne Haut, Saft und Kernchen) sehr klein würfeln. Von einer Zitrone die Schale (ohne die weissen Häutchen) abtrennen, in Streifchen schneiden und kurz blanchieren. Sie benötigen von dieser Zitronenjulienne so viel, wie zwischen drei Fingerspitzen Platz hat. Von der Zitrone alle übrig gebliebenen weissen Häutchen wegschneiden, das Zitronenfleisch in etwa 3 mm dünne Scheiben, danach in ebenso schmale Streifen und schliesslich in stecknadelkopfgrosse Würfelchen schneiden, von denen Sie die ungefähre Menge eines Esslöffels brauchen. Alle Zutaten behutsam mischen, 4 EL kleinste Kapern zufügen, vorsichtig mit Salz, weissem Pfeffer aus der Mühle und einem Hauch Cayenne würzen, mit Olivenöl bedecken, mit Klarsichtfolie verschliessen und im Kühlschrank während mindestens 4 Stunden marinieren lassen. Serviert zu kaltem oder grilliertem Fleisch oder Fisch, trägt diese kleine Sommeridee zu einem Sommergericht von grossem Wohlgeschmack bei.

Rubus idaeus

«Rubus idaeus». Was wie ein liturgisches Rezitativ klingt, ist nichts anderes als der wissenschaftliche Name für die Himbeere. Ist man neugierig und möchte erfahren, womit der Doppelname wohl zu tun haben könnte, liest man von einem Berg «Ida». Will man weiter wissen, in welchen blauen Himmel sich der Berg erhebt, tut er dies auf der Insel Kreta. Dort soll «Ida» angeblich nicht nur der höchste Gebirgsstock, sondern auch die Geburtsstätte von Zeus sein. Doch «Ida» ist nicht «Ida». Mag der Berg auf Kreta dem «weisesten der Götter» als Geburtsort gedient haben, ein bisschen glaubwürdiger, vor allem «irdischer», ist die Auslegung vom Berg «Ida» in der Türkei. An seinen Hängen sollen nämlich schon in der Antike die köstlichsten Himbeeren gewachsen sein, so dass zu seinen Ehren dem botanischen Namen für Rosengewächse, *rubus*, die Bezeichnung *idaeus* hinzugefügt wurde.

Die Rede ist natürlich von wild wachsenden Beeren, und da wird es schwierig, sie aus der Sicht eines geniesserischen Gaumens zu beschreiben. Denn diese kleinen roten Beeren sind in ihrer Ästhetik und mit ihrem herrlichen Aroma von einer solch vollkommenen Harmonie, dass die blumigste Sprache nicht ausreicht, um sie angemessen zu feiern. Der behagliche Zustand des Geniessens kann eigentlich nur noch durch die Freude gesteigert werden, an Wald- und Wegrändern nach ihnen zu suchen, welche zu finden und dann behutsam nach Hause zu tragen.

Vielleicht ist es müssig, etwas zu feiern, das man in dieser Vollkommenheit gar nicht mehr kennt. Zwar war der Mensch noch nie so bequem und fürstlich im Überfluss gebettet wie heute. Doch musste in mancher Hinsicht nicht ein zu hoher Preis dafür bezahlt werden? Haben wir nicht die Fähigkeit verloren, Düfte, Aromen und Gerüche überhaupt noch wahrzunehmen? Wie aber sollen wir unseren Geruchs- und Geschmackssinn kultivieren und die Dinge eng mit der Natur verbinden, wo sich unsere Sinne nur noch an Äusserlichkeiten und an der Illusion von Wohlgeschmack orientieren können? Weil zum Beispiel Beeren nicht mehr nach Beeren duften müssen, sondern allein mit ihrer Grösse und Makellosigkeit zu imponieren haben? Oder weil uns Aromen-Artisten mit Chemiestudium so gekonnt an der Nase herumführen, dass sich unser Gaumen längst schon an den Geschmack von synthetisch hergestellten Stoffen gewöhnt hat? Monsieur Auguste Escoffier (1846–1935) würde sich im Grabe drehen, wüsste er, was zuweilen anstelle eines echten Himbeerpürees auf seine berühmte «Pêche Melba» zu liegen kommt.

Ob Wald- oder Gartenbeeren, ob rote oder schwarze, ob auf dem Markt eingekaufte oder selbst gesammelte – Beeren schmecken am köstlichsten, wenn sie möglichst natürlich serviert werden: Die eine Hälfte Beeren mit wenig Zuckersirup (oder Puderzucker) kurz pürieren, mit einigen Tropfen Zitronensaft aromatisieren und durch ein feines Drahtsieb streichen. Die andere Hälfte dekorativ auf Teller setzen, mit der Beerensauce umgiessen und mit einem Löffel Crème fraîche servieren.

Pêche Melba

Für 2 Personen 2 weisse Pfirsiche in Zuckersirup, dem ¼ Vanillestange sowie einige Tropfen Zitronensaft zugefügt wurden, so lange pochieren (leise köcheln lassen), bis die Spitze einer feinen Fleischgabel ohne Widerstand zum Stein vordringt. Die Pfirsiche danach im Sirup auskühlen lassen. 100 g Wald- oder Gartenhimbeeren mit wenig Pochiersirup kurz pürieren, einige Tropfen Zitronensaft zufügen und durch ein feines Drahtsieb streichen. In grosse, schöne Gläser Vanilleeis geben – Auguste Escoffier soll damals spezielle silberne Schalen benützt haben –, die Pfirsiche halbieren, auf das Eis legen und zum Schluss mit dem herrlich duftenden Himbeerpüree überziehen.

«To be in» ist alles

Wir machen unseren Job, hören News und tätigen Direct-Banking. Wir gehen online, surfen und mailen. Meist sind wir happy, selten down, aber immer cool. Wir nehmen alles easy und sagen Okay zum Leben. «To be in» ist alles, und «all kind of happenings» sind die Luft zum Atmen. Doch nicht nur die Sprache und die Ansprüche an das Leben haben sich verändert, auch die kulinarischen Bedürfnisse haben sich dem Zeitgeist angepasst. Wir lieben das Steakhouse und die Spaghetti-Factory und letztlich auch die Freiheit, das Getue um grosse Küche nicht mehr mitmachen zu müssen. Doch keine Bange; sowohl die Sprache als auch die Küche werden sich eines Tages wieder erneuern, so wie es in der Geschichte schon immer geschah. Mittlerweile aber haben kreative Menschen in allen Bereichen Hochkonjunktur.

Auch findige Gastronomen haben die Strömung der Zeit erkannt und unserem ohnehin schon erweiterten Wortschatz einen neuen Begriff hinzugefügt: Erlebnisgastronomie. Doch mag der Erfindungsgeist noch so genial sein; mögen die Wirtsleute dem Gast eine Ritterausrüstung umhängen und die abgenagte Schweinsrippe als Wurfgeschoss erlauben oder knapp bekleidete Damen bedienen oder Stefan Raab sein «Wadde hadde dudde da» singen lassen – am Hofe des römischen Kaisers Nero war alles schon einmal da, nur hatte der Höhepunkt eines Gelages eine andere Qualität. Jedenfalls lässt sich aus Überlieferungen entnehmen, dass der Despot in seinem Palast «domus aurea» einen besonders raffinierten Speisesaal errichten liess. Durch einen verborgenen Mechanismus sollen sich die mit Malereien geschmückten Wände und mit Stuckwerk verzierten Decken während des Essens gedreht und die Stimmungen der Jahreszeiten und des Himmels nachgebildet haben, von wo es wohlriechende Düfte regnete oder Apfelblüten schneite. Im späteren Mittelalter hingegen soll es dem Zeitgeschmack entsprochen haben, Riesenpasteten mit allerlei verborgenen Überraschungen auf die Tafel zu bringen. Das Höchstmass an kulinarischem Spass habe zum Beispiel darin bestanden, aus dem Backwerk Zwerge heraussteigen und sie auf dem Tisch singen und tanzen zu lassen oder daran Vergnügen zu haben, Kaninchen aus dem Teig herausspringen und zwischen Tellern und Schüsseln herumhüpfen zu sehen. Da ich kein Licht der alten Schule beziehungsweise des Pastetenbackens bin, stellt sich mir zwangsläufig die Frage des handwerklichen Vorgehens, zumal die Zwerge nach dem Backen noch tanzen und die Kaninchen noch hüpfen konnten …

Zwar habe auch ich nichts Gutes mit Kaninchen im Sinn, wenn ich genüsslich von ihrem feinen Fleisch spreche, von einem Ragout an wohlschmeckender Sauce oder einem Rückenfilet als kleiner Vorspeise. Aber ich habe Grundsätze, und damit gehöre ich unbestritten zu den In-People. Denn «To be in» heisst nicht nur, die zeitgemässe Sprache zu sprechen oder eine bestimmte Lebensweise zu pflegen; «To be in» heisst vor allem, sich mit der Qualität der Dinge auseinanderzusetzen, auch mit der Qualität eines Kaninchenlebens. War es ein glückliches Dasein, mit Leckerbissen zum Nagen und genug Raum zum Hüpfen – weil auch die Bauersleute, der Züchter und der Händler «in» sein wollen –, dann ist die Zeit der Veränderungen wahrlich eine gute Zeit.

Kaninchenfilet auf Kräutersalat

Pro Person ein Kaninchenrückenfilet vorsichtig mit Salz und wenig weissem Pfeffer würzen und zusammen mit je einer halben feinst geschnittenen Frühlingszwiebel und Knoblauchzehe sowie einem Thymianzweiglein bei mittlerer Hitze in erstklassigem Olivenöl auf den Punkt braten. Das Fleisch danach kurz auf einem vorgewärmten Teller ruhen lassen. Inzwischen den Bratsatz mit wenig Balsamico-Essig (mit der Qualitätsbezeichnung «Tradizionale») und wenig Fleischjus auflösen. Das Fleisch in rund 1 Zentimeter dicke Médaillons schneiden, hübsch um einen Salat aus verschiedenen Kräutern, Kresse, Rucola und Spinatblättchen legen und zum Schluss mit der kleinen Sauce beträufeln.

Alles nur seinetwegen

«Das Meer ist weit, das Meer ist blau, im Wasser schwimmt ein Kabeljau. Da kommt ein Hai von ungefähr, ich glaub von links, ich weiss nicht mehr, verschluckt den Fisch mit Haut und Haar, das ist zwar traurig, aber wahr. Das Meer ist weit, das Meer ist blau, im Wasser schwimmt kein Kabeljau.»

Was dem deutschen Kabarettisten Heinz Erhardt (1909–1979) als lyrischer Beitrag zum Kabeljau eingefallen ist, hat mit der Realität mehr zu tun, als man auf Anhieb glauben möchte. Nur droht die Geschichte dieses anmutigen Fisches mit den Leopardenflecken nicht auf Grund der Gefrässigkeit der Haie zu Ende zu gehen; es ist der unersättliche Mensch, der das zur dorschartigen Ordnung gehörende Meeresgeschöpf am meisten bedroht. Seinetwegen wurden Kriege geführt, entstanden neue Industriezweige und stiegen entfernte Kolonien zu Handelsmächten auf. Seinetwegen haben Menschen aber auch überleben können. Vor allem für die seefahrenden Völker war der Kabeljau von unschätzbarer Bedeutung. Als sich zum Beispiel Portugals berühmtester Seefahrer, Vasco da Gama, Ende des 15. Jahrhunderts als Erster dazu aufmachte, auf dem Seeweg Afrika zu umfahren, war der Fisch mit dem lateinischen Namen *baculum* für die Matrosen das wichtigste, wenn nicht das einzige Grundnahrungsmittel. Allerdings bedurfte es schon damals der Kenntnisse, den Fisch durch Trocknen haltbar zu machen, mit dem Gewinn, dass er nicht nur für die Matrosen eine echte Überlebenschance bedeutete. Durch die Haltbarmachung wurde der Kabeljau auch für die Menschen im Landesinnern zu einer wichtigen proteinreichen Nahrungsquelle.

Doch dann wurde über die Jahrhunderte hinweg durch immer einträglichere Fangmethoden eine solch fahrlässige Ausbeutung dieses Fisches betrieben, dass heute Gerichtshöfe beschäftigt, Fangquoten bestimmt oder gar Fangverbote erlassen werden müssen. Es mag betroffen machen, für einen Fisch Schutzmassnahmen ergreifen zu müssen, dessen einziger Fehler wahrscheinlich war, sich enorm zu vermehren. Und noch betroffener mag die Tatsache machen, dass durch die Dezimierung dieses einzigartigen Wirtschaftsfisches ohne Zweifel blühende Küstenorte vereinsamen und soziale Probleme entstehen werden. Dem Kabeljau selbst aber geschieht Gutes. Denn steht er unter dem Schutz verantwortungsvoller Zeitgenossen, werden sich seine Bestände wieder erholen und gesunden können. Und weil der Fisch zwischenzeitlich zur Mangelware wird, dürfte er mit seinem wunderbar weissen Fleisch, das nach Meer schmeckt und ein bisschen an jenes des Steinbutts erinnert, etwas mehr Selbstbewusstsein entwickeln. Denn feine Zungen werden ihn entdecken und sich seinetwegen an den Tisch der echten Tafelfreuden setzen wollen. Spätestens dann wird man seinen Aufstieg zum Edelfisch nicht mehr verhindern können, eine Würdigung, die der Kabeljau schon längst verdient hätte. Doch wer sich so leichtfertig zum Fischstäbchen machen lässt, darf sich über mangelnde Wertschätzung nicht wundern – eine Erfahrung, die wohl nicht nur ein Geschöpf der Meere macht.

Kabeljau à la meunière

2 Stück Kabeljau (aus dem Schwanzstück oder Rückenfilet geschnitten) à ca. 200 g kurz unter kaltem Wasser abspülen und danach trocken tupfen. In einer Bratpfanne Butter und Olivenöl erhitzen, die Fischstücke vorsichtig salzen und mit frisch gemahlenem weissem Pfeffer würzen, durch Mehl ziehen und überschüssiges Mehl abklopfen. Den Kabeljau bei mittlerer Hitze beidseitig auf den Punkt braten, dabei ständig mit der Butter-Öl-Mischung übergiessen. Die Fischstücke vorsichtig auf vorgewärmte Teller heben und grosszügig mit fein geschnittenen Kräutern (z. B. Petersilie, Kerbel, Schnittlauch) bestreuen. Zur restlichen Bratbutter 2 TL frische Butter geben, je 1 EL Zwiebel-, Tomaten- und Zitronenwürfelchen sowie 1 EL kleine Kapern zufügen, kurz sautieren und damit den Fisch brutzelnd heiss überschmelzen.

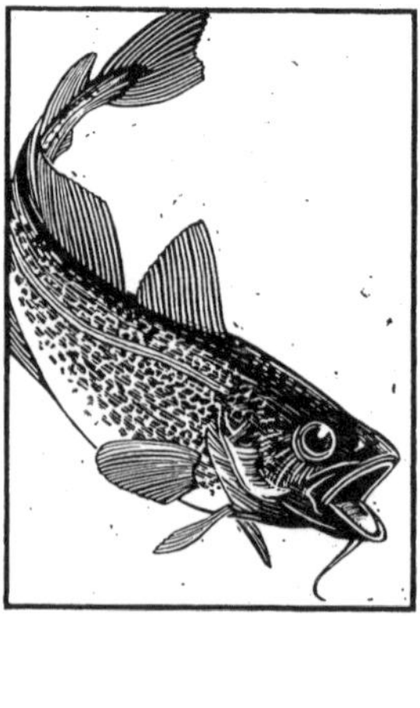

Thema mit Variationen

Meister der Musik nahmen in ihren Werken oft ein Grundthema auf, um es mit Variationen zu ausgedehnten Sätzen zu verwenden oder durch Ausholen und Ausschmücken des Themas zu persönlichen Aussagen zu finden. Dadurch entstanden in vielen Musikstücken gleichzeitig schmerzliche und glückliche Stimmungsdichten. Mag sein, dass Sie sich fragen, weshalb ich von Musik spreche, wo es in diesem Beitrag um Kirschen geht. Die Antwort liegt in einem Kochbuch aus dem Jahre 1889. Denn lese ich dort über die Kirsche, erfahre ich nicht nur, dass sich antike Autoren über die Frucht der Gattung *prunus* ausschweigen, sie durch Lucullus aus Kleinasien nach Europa gekommen sei, sie das saftigste Fleisch unter allen Steinfrüchten besitze und man über vierhundert verschiedene Arten zähle. Ich staune auch nicht über den damaligen Wissensstand und die ausführlichen Beschreibungen zu den Süss- und Sauerkirschen, Herz- und Knorpelkirschen, Vogel- und Bastardkirschen, Steppen- und Buschkirschen. Nein! Mehr noch bin ich verwundert über die Rezeptvielfalt: achtundneunzigmal werden Kirschen auf spielerische Art behandelt!

Variationen sind in der Musik ein Kompositionsprinzip, in der Küche sind Abwandlungen die Möglichkeit, ein von der Natur vorgegebenes Thema aufzunehmen und es genussvoll zu variieren. Das eine wie das andere geschieht zur Freude unserer Sinne. Der unmittelbare Zusammenhang zwischen zyklischen Folgen von Variationen in der Musik und den achtundneunzig Rezepten im über hundert Jahre alten Kochbuch ist also gegeben. Mit einem Ausgangsthema spielerisch umgehen – ob in der Musik oder am Herd – will nämlich auch heissen, einen Freiraum für Improvisationen zu schaffen, mit denen unterschiedlichste Stimmungen wie Unbehagen oder Glücksgefühle verarbeitet werden können. Je nachdem erklingt dann die Tonart in Moll oder Dur – auch in der Küche!

Natürlich ist es nicht für alle Menschen selbstverständlich, das Kochen unter diesem Aspekt zu sehen, aber es geht mit dieser Betrachtungsweise ja auch nicht nur um das Handwerk Kochen. Es geht um mehr; es geht um unsere Sinne und den Motor, der sie wachhält, damit die Lebensfreude auch im Alltag nicht zu kurz kommt. Der Motor ist die Einsicht, dass die Lebensfreude auch aus ganz alltäglichen Dingen wie Kochen entstehen kann, man muss ein Stück nur immer wieder neu aufführen! Dies bedeutet, die Jahreszeiten als eine Welt voller Düfte und Aromen zu begreifen, in der wir aus lauter Neugier erfahren wollen, dass sich zum Beispiel Kirschen nicht nur vom Stiel beissen, sondern sich durch unsere Gedanken und Stimmungen genussvoll verändern lassen.

Clafoutis aux cerises

400 g entstielte (nicht einsteinte) Kirschen in einem Sieb unter fliessendem Wasser abspülen. 1 dl Kirschliqueur (Cherry Brandy), 1 EL Zucker, je ½ Zimt- und Vanillestengel aufkochen, die Kirschen zufügen und bei kleiner Hitze ungefähr 5 Minuten köcheln lassen. Bis zum weiteren Gebrauch beiseite stellen. 2 Eier, 75 g Zucker und 100 g Quark mit dem Handrührgerät zu einer Crème schlagen, zum Schluss je 1 dl Milch und Rahm sowie 1 TL Maizena untermischen. Die Kirschen mit einem Schaumlöffel auf den Boden einer Gratinform heben, die in der Pfanne zurückgebliebene Flüssigkeit bei grosser Hitze sirupartig reduzieren und durch ein feines Sieb auf die Kirschen träufeln. Den Backofen auf 175 °C vorheizen, im unteren Drittel ein Gitter einschieben. Die Eier-Rahm-Quark-Mischung auf die Kirschen giessen und während etwa 40 Minuten golden überbacken lassen. Bis hierhin kann der Kirschenauflauf vorbereitet werden. Vor dem Servieren die Grillstäbe im Backofen glühend erhitzen, den Auflauf grosszügig mit Puderzucker bestreuen und kurz unter den Grillstäben caramelisieren. Für dieses Rezept eignen sich beinah alle Früchte, vor allem aber Stein- und Kernobst.

«Bonjour, mon ami»

«Vielleicht wird Frankreich eines Tages aufhören zu existieren, aber die Dordogne wird überleben, ebenso wie die Träume, von denen die menschliche Seele lebt.» Der in seinen Büchern gegen das spiessige amerikanische Bürgertum rebellierende Schriftsteller Henry Miller (1891–1980) hat mit diesem Zitat die Bühne für eine ziemlich bemerkenswerte Begegnung gezeichnet. Sie geschah auf einer spätsommerlichen Reise durch eine der schönsten Landschaften Frankreichs. Dort, wo das Wasser der Vézère und der Dordogne auf seinem Lauf steile Felsen, lichte Wälder und grüne Hügel umarmt und zahlreiche Burgen und befestigte Städtchen noch immer von einem kampflustigen Mittelalter zeugen, scheinen die Menschen tatsächlich von schönen Träumen zu leben.

Auf jener Reise wanderten wir eines frühen Morgens durch das Tal der Vézère. Es war ganz still. Plötzlich hörten wir eine Stimme. Wir sahen im jungen Tageslicht einen alten Mann auf dem Waldboden sitzen und in seiner Hand einen Steinpilz halten. Mit seinem «bonjour, mon ami» und «welch eine Freude, dass wir uns gefunden haben» hätte man annehmen können, er begrüsse einen guten Bekannten. Doch wo niemand sonst zugegen war? Und wie war sein laut und lustvoll ausgesprochener Gedanke «welch ein Vergnügen, dich mit guten Freunden bei einem Glas Wein zu teilen» einzuschätzen? Wie entzückt der Angesprochene – nämlich der Steinpilz – ob diesen Aussichten war, haben wir nicht erfahren, der alte Mann hingegen hat uns über den Sinn seines seltsamen Monologs aufgeklärt. Spreche man mit den Pilzen, wie überhaupt mit den Gaben der Natur, meinte er, würden sie im nächsten Jahr nachwachsen, dem «palais» (Gaumen) aufs neue Genuss bereiten und Freunde erneut zusammenbringen.

Dies also ist der Stoff, aus dem Träume in der Dordogne gemacht sind. Und weil der Steinpilz unstreitig einer der köstlichsten Pilze ist, auf den wir nur ungern verzichten würden, ist eine liebevolle Begrüssung nicht nur in Frankreichs Wäldern angebracht. Ob Sie es unbeobachtet auf einem Spaziergang tun, wo Sie ihn behutsam vom Erdreich trennen, oder beim Einkauf auf dem Markt – wo sich die Marktleute ob dem «Grüezi, mein Freund» allerdings ein bisschen wundern dürften –, ist nicht so wichtig wie seine tadellose Qualität. Ist der Pilz jung, gesund und frisch gepflückt, fühlt er sich fest an und seine unter dem schönen braunen Hut liegenden Röhren sind nicht etwa schwammig und grün, sondern festgefügt und weiss wie Wolle. Vor allem sollte der Pilz keine verdächtigen Gänge aufweisen, es sei denn, die kleinen Bewohner, die sich gern darin aufhalten, würden Ihrem «palais» mehr flattieren als das zusätzlich im Rezept vorgeschlagene Geflügel.

La salade «Dordogne»

Pro Person benötigt man – je nach Grösse – 1 bis 2 frische Steinpilze, und damit gehen Sie wie folgt vor: Den Pilz nicht waschen, sondern nur von allfälligen Erdrückständen befreien und mit einem Tuch abreiben. Danach mit einem scharfen Messer in feine Scheiben schneiden und dekorativ auf einen grossen Teller legen. Die Pilzscheiben behutsam mit Salz und frisch gemahlenem weissem Pfeffer würzen, mit feinstem Balsamico-Essig und jungfräulichem Olivenöl beträufeln und zum Schluss mit fein geschnittenen Kräutern bestreuen. Als kleine Vorspeise ist damit selbst dem verwöhntesten Gaumen Genüge getan. Doch nichts soll Sie davon abhalten, zusätzlich pro Person zwei Wachtelbrüstchen – oder für zwei Personen ein Perlhuhnbrüstchen – kurz in einer Butter-Öl-Mischung zu sautieren, den Bratsatz mit wenig Madère aufzulösen und mit brutzelnder, haselnussbrauner Butter zu einer kleinen Sauce zu verlängern. Auch wenn solches Geflügel fast nur noch gezüchtet und kaum noch mit dem ursprünglichen Wildgeschmack auf den Markt kommt, verbindet es sich mit heimischen Waldpilzen ausgesprochen harmonisch.

Herbst

Ah! C'est chic!

«Mode ist der schneller als der Stil einer Epoche sich wandelnde Geschmack in Kultur, Zivilisation und Lebensweise.» Wer den Begriff «Mode» derart definiert, ist mein Lexikon. Weiter heisst es, Mode sei jeweils nur von einer kleinen Schicht im jeweiligen Zeitalter bestimmt worden: Bis zur Französischen Revolution sei es der Adel gewesen, später das Grossbürgertum, seit Entstehen der Haute Couture um die Mitte des 19. Jahrhunderts aber das Werk von Modeschöpfern. Heute wissen wir, dass Mode vorwiegend in Paris, Rom oder New York gemacht wird und Namen wie Chanel, Armani oder Donna Karan trägt.

Was aber ist mit den bunten, wunderschönen Kleidern aus den Häusern *galli* und *columbae*? Oder gar aus dem Hause *numidinae*, das seine Models völlig nackt im Gesicht und mit unverhülltem Hals über den Laufsteg stolzieren lässt, ihnen einen dreieckigen roten oder kornfarbigen Helm auf den Kopf setzt, sie am liebsten in ein blau-grünes Federkleid steckt und ausserdem über und über mit Perlen behängt? Ah! Was sind sie doch chic, die Tupfenkleider der Perlhühner! Ob Mode vielleicht nicht doch eine viel ältere Geschichte hat, gemacht von einem Modeschöpfer, der einen ganz anderen Namen trägt?

Die Heimat des Perlhuhns wird mit Westafrika angegeben. Aus dem italienischen Namen *gallina faroana* – Huhn des Pharaos – schliesst man, dass sein Weg in der Antike erst über Ägypten führte, bevor es nach Griechenland und von dort in das Römische Reich gebracht wurde. Wie es schliesslich nach Frankreich gelangte, wo das Geflügel Pintade genannt und am erfolgreichsten gezüchtet wird, darüber kann nur spekuliert werden. Nach dem Untergang des Römischen Reichs soll nämlich das Perlhuhn so lange verschwunden gewesen sein, bis es im

16. Jahrhundert von portugiesischen Kaufleuten nach Europa zurückgebracht wurde.

Leicht lässt es sich nicht züchten, das streitsüchtige und misstrauische Perlhuhn. Es verhält sich nämlich wie ein echter Wildvogel, sitzt am liebsten auf hohen Bäumen und hält sich mit seinem langanhaltenden Geschrei voller Misstöne alles von seinem nackten Hals, was sich ihm nähern will. Vielleicht sind es ja gerade diese Eigenschaften, die dem Fleisch dieses Geflügels trotz Gefangenschaft den feinen Wildgeschmack (wenn auch oft nur in der Phantasie erlebt) erhalten haben. Und das wird es wohl sein, was uns am Perlhuhn so gut gefällt: es ist und bleibt ein wilder Vogel, und damit ein Sinnbild der ältesten Form der Nahrungsgewinnung in der Menschheitsgeschichte, der Jagd.

Weil das Wildbret fast ausnahmslos süsslich schmeckt, wird es gern von Beilagen begleitet, die den typischen Wildgeschmack auf harmonische Weise unterstützen. Im folgenden Rezept sind es frische Feigen und ein Wirsinggemüse – zu Ihrer und meiner Freude an allem, was das Leben versüsst.

Perlhuhnküken mit Feigen

Pro Person ein bratfertiges Perlhühnchen von ca. 500 g innen und aussen leicht salzen und pfeffern und bei 180 Grad im vorgeheizten Ofen während ungefähr 20 Minuten knusprig braten, dabei regelmässig mit der heissen Bratbutter übergiessen. (Wenn Sie ausgelöste Perlhuhnbrüstchen vorziehen, werden diese auf dem Herd – und zwar nur auf der Hautseite bei ständigem Übergiessen mit der heissen Bratbutter – rosa gebraten.)

Gleichzeitig klein gezupfte, kurz blanchierte und gut abgetropfte Wirsingblätter (oder weissen, in Streifen geschnittenen Lauch) mit wenig Rahm so lange köcheln lassen, bis sich Rahm und Gemüse verbinden. Den Bratsatz mit wenig Porto und Geflügelfond (oder Bouillon) auflösen und mit ein paar Butterflocken binden. Pro Person eine schöne, reife Feige vorsichtig in Scheiben schneiden und nur kurz in brutzelnder Butter erhitzen. Das Perlhühnchen auf das Gemüsebett legen, mit der kleinen Sauce umgiessen und die Feigen hübsch dazulegen. Im übrigen: Verwenden Sie blaue Feigen, die grünen schmecken meist sehr fad.

Der «Ahuacacuahatl»

Wer schreibt, ist neugierig und muss oft weite Wege gehen, bis er an den Ursprung einer Sache gelangt. So kann er sich – je nachdem, wohin die Gedankenreise geht – ganz unvermittelt im Hochland Mexikos wiederfinden, sich im Schatten eines südamerikanischen Lorbeerbaums, des «Ahuacacuahatl», ausruhen und den Stimmen einer Volksgruppe lauschen, die noch heute die aztekische Ursprache Nahuatl spricht. Vielleicht schaut man dabei durch ein dichtes, immergrünes Blattwerk in die südamerikanische Sonne, stellt sich den Verlauf der Geschichte Mexikos vor, bis sich die Aufmerksamkeit einer höchst interessanten Erscheinung zuwendet. Denn was da paarweise im Geäst des Baumes hängt, sind zwar Früchte, doch deren Anordnung ist nichts anderes als der Nachweis für einen Gattungsnamen, der nicht nur in der aztekischen Sprache, sondern auch in der Übersetzung extrem schwierig auszusprechen ist: Hodenbaum. Die Früchte selbst werden von den Nahuas, der grössten indianischen Bevölkerungsgruppe im Hochland Mexikos, Ahuacatl genannt – wieviel einfacher, sie beim Krämer als Avocado einzukaufen!

Laut Waverley Roots «Enzyklopädie alles Essbaren» will ein gewisser Martin Fernandez de Enciso 1519 in seiner «Suma de geografia» als erster die Avocado erwähnt haben. Andere Schriften gehen davon aus, dass die «Butter des Waldes» bereits 300 v. Chr. schriftlich erwähnt wurde. Wer vermag es genau zu wissen? Sicher ist nur, dass die Urheimat dieser schönen Frucht mit dem nussartigen Aroma und dem zarten, weichen Fruchtfleisch tatsächlich im Hochland Mexikos liegt; und gewiss ist auch, dass ihr Geschmack nie und nimmer einer Ochsenmarkpastete nahekommt, wie es ein Pater Labat 1694 beschrieben haben soll.

Heute wird die Avocado überall dort auf der Welt angebaut, wo sie von der Sonne genau so erwärmt wird wie im Reich der Azteken, was allerdings nicht heisst, dass die Früchte von der Sonne auch gleich zum Genuss zurechtgemacht werden. Avocados haben nämlich die Eigenart, nicht am Baum zu reifen, sondern den entscheidenden Reifeprozess den Menschen zu überlassen. Dies hat den Vorteil, dass einerseits die Erntezeit von den Produzenten willkürlich bestimmt werden kann und der Feinschmecker andererseits nichts riskiert, wenn er die Früchte noch hart und ungeniessbar nach Hause trägt. Denn lässt man Avocados bei Raumtemperatur wenige Tage nachreifen, erreichen sie jenen perfekten Zustand, für den sich ein bisschen Geduld lohnt. Sobald nämlich das Fruchtfleisch unter der dunkelgrünen Schale auf sanften Druck nachgibt, schmeckt es wie die Geschichte um den Baum: einfach überraschend. Avocados haben aber auch Unarten. Wird das Fruchtfleisch zu lange der Luft ausgesetzt, verfärbt es sich schnell; wird es beim Zubereiten einer Suppe zu sehr erhitzt, setzen sich unangenehme Bitterstoffe frei, was bedeutet, dass sich die Frucht des «Ahuacacuahatl» ihrer exotischen Anziehung durchaus bewusst ist und entsprechend behutsam behandelt werden will.

Avocado an Nussöl-Vinaigrette

Für die Vinaigrette 1 Msp. Honig in 1 EL heissem Wasser auflösen, 1 EL Sherry-Essig, 2 EL feinstes Nussöl und 1 EL Bouillon zufügen und mit Salz sowie einer Spur frisch gemahlenem Koriander würzen. 1 Frühlingszwiebel sowie wenig Schnittlauch fein schneiden. Die Frucht – ohne zu schälen – der Länge nach rundherum bis zum Kern einschneiden und die beiden Hälften gegeneinander drehen, was bewirkt, dass sich das Fruchtfleisch problemlos vom Kern löst. Die beiden Hälften schälen, in rund ½ cm dicke Scheiben schneiden, schuppenartig auf Teller legen und mit der Vinaigrette übergiessen. Wenn Sie Lust auf Meer haben, sind Langustinen eine überaus harmonische Begleitung.

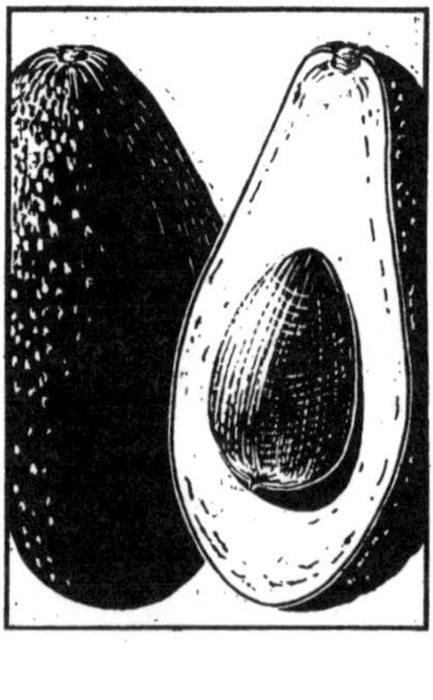

«Die Welt ist gar zu weit»

Unendlich weit und geheimnisvoll war uns die Welt so lange, bis sie sich öffnete, bis die Schiffe Ozeane überquerten und der Mensch das Fliegen beherrschte. Er lernte soziale, kulturelle und historische Gegebenheiten fremder Völker in fremden Ländern kennen und nahm mit in sein Leben, was ihn am meisten faszinierte. Für viele Menschen traten vor allem die fremden Essensgewohnheiten in den Mittelpunkt des Interesses, etwa nach der Erkenntnis des Dichters Friedrich Hebbel: «Die Welt ist gar zu weit (...) voll Lust und Herrlichkeit.» Ob die Welt als Einheit voller Herrlichkeit ist, mag bezweifelt werden, auf die Schönheit der Natur gesehen, ist sie es ohne Frage. Die Lust, mit der wir auf Reisen gehen, um mit gesteigerter Sinnesfreude Neues zu erfahren und die kulinarische Neugier zu stillen, ist so unbestritten wie die Tatsache, dass sie als Folge eine multikulturelle Gastronomie entstehen liess. Vor allem die asiatische Küche lässt uns mit ihrer Fülle an Strukturen, Farben, Aromen, Düften, ja selbst Geräuschen wie durch ein Kaleidoskop schauen und ihren Charme auf angenehmste Weise erleben und geniessen.

Was aber ist das Geheimnis asiatischer Kochkunst? Gewiss, es liegt zunächst am exotischen Reiz und an der optischen Wirkung, mit der unsere – auf abendländische Küche eingespielten – Sinne besonders aufgeregt reagieren. Es liegt aber auch an der Kochmethode, mit der die Zutaten – wie am Beispiel der chinesischen Küche – nicht getrennt, sondern gemischt bei grosser Hitze sautiert, sogenannt geschwungen, werden und innerhalb weniger Minuten gar sind. Diese Art des Zusammenfügens von Produkten hat, nebst dem bekömmlichen Aspekt, den Vorteil, dass sie den Austausch von Aromen auf schönste Weise begünstigt. Doch was wäre die asiatische Küche ohne ihre intensiv duftenden Kräuter und Gewürze, wie etwa ohne Ingwer, Koriander, Kurkuma, Shiso, Minze oder Zitronengras, ohne ein paar Tropfen Saki, Reisessig oder Sesamöl! Und was wäre sie ohne Sojasauce, die sowohl in der chinesischen als auch in der japanischen Küche genauso wichtig ist wie das Salz für uns Europäer.

Ausgangsprodukt für die Sojasauce sind Sojabohnen, die in einem aufwendigen Verfahren – oft vermischt mit Weizen – erst fermentiert werden, bevor sie in aller Ruhe in speziellen Behältern reifen dürfen. Die unterschiedlich lang auf der Maische gelagerte Flüssigkeit entwickelt dabei nicht nur mehr oder weniger Aroma und Geschmack, sondern sie unterscheidet sich auch im Salzgehalt und in der Farbe. Die dunkle Sojasauce zum Beispiel hat ein kräftiges, fruchtiges Aroma, so dass schon wenige Tropfen zum Aromatisieren einer Suppe, einer Vinaigrette oder sonst einer Sauce genügen, sie hat, in grösseren Mengen verwendet, aber auch die Eigenschaft, Zutaten wie Gemüse, Geflügel oder Fisch dunkel zu färben. Anders verhält sich die helle Variante; sie ist in der Konsistenz nicht nur dünnflüssiger und im Geschmack milder, sie ist mit ihrem bernsteinfarbenen Ton auch vielseitiger verwendbar.

Doch bei aller Begeisterung für die «Knorrwürze des Ostens» darf eine ihrer bedeutsamsten Wirkungen nicht unerwähnt bleiben: Die Sojasauce hat Ost und West zusammengebracht. Allein die süss-saure Sauce beweist, dass Allianzen nicht immer politischer oder wirtschaftlicher Natur sein müssen, sondern zur Freude einiger Schleckmäuler auch mit Inhalten aus Flaschen geschlossen werden können.

Süss-saure Sauce

1 EL Zucker honigfarben caramelisieren, mit 2 dl Geflügelfond (oder sanft gesalzener Bouillon) ablöschen, 2 EL Ketchup, 2 EL helle Sojasauce, 1 EL Reisessig, 1 EL feinst geriebenen Ingwer sowie eine feinst geschnittene Knoblauchzehe zufügen und kurz aufkochen lassen. Mit 1 Msp. Fivespices und frisch gemahlenem Koriander würzen, mit wenig angerührtem Maizena zu einer sämigen Konsistenz binden und zum Schluss 1 EL geröstete Sesamkörner sowie 2–3 fein geschnittene Minzenblättchen untermischen. Warm oder kalt serviert, eignet sich diese Sauce vorzüglich zu allerlei knusprig fritierten, asiatisch anmutenden Häppchen.

Das unendliche Weh der Welt

Was würde er sich in seinem prähistorischen Grab wundern, wenn er wüsste, wie viele Geschichten über ihn erzählt werden! So soll er beispielsweise nach christlicher Überzeugung am Baum der Erkenntnis gehangen haben, was für Goethe Anlass war, zu bemerken, der leichtsinnige Genuss habe das unendliche Weh der Welt verschuldet. Von der Erdmutter Gaia wird berichtet, sie soll ihn der Zeus-Gattin Hera geschenkt und ihr damit Unsterblichkeit verliehen haben. Homer wiederum beschrieb ihn in seinem Epos «Odyssee» als eine herrliche Frucht von Bäumen mit üppiger Blüte. Germanische Göttersagen wiederum wollen wissen, er enthalte Säfte, die das Altern verhindern würden, was den Gott Odin und sein Gefolge veranlasst habe, so viel davon zu essen, dass sie tatsächlich jung blieben. Und Wilhelm Tell schliesslich soll ihn mit dem Pfeil der Armbrust vom Kopf seines Sohnes geschossen haben. Wie aber schmerzt Mutters Hinweis auf vererbte Unarten mit dem Spruch: «Der Apfel fällt eben doch nicht weit vom Stamm»!

Der bedauernswerte Apfel! Wo ihn die Natur so verschwenderisch ausgestattet hat, dass wir uns nicht nur an seinem Frühlingskleid mit den fünfblättrigen, wunderschönen Blüten erfreuen oder im Schatten seines grünen Sommerdachs ruhen dürfen. Die Früchte selbst bereiten uns mit ihren unterschiedlichsten Formen, Farben und Aromen so viele Gaumenfreuden, dass wir sie nicht für unfreundliche Redensarten benützen sollten. «In den sauren Apfel beissen» – wo es doch so viel Vergnügen macht, ein kleines Stück ihres saftigen, wohlschmeckenden Fleisches zwischen die Zähne zu schieben! Nein! Äpfel haben nicht umsonst schon immer die Volksseele beschäftigt und das Brauchtum beeinflusst; sie sind und bleiben ein paradiesisches Geschenk. Ob sie am Sündenfall Schuld tragen und ob die geheimnisvolle Frucht am Baum der Erkenntnis überhaupt ein richtiger Apfel gewesen ist – wer will es so genau wissen. Ich allerdings möchte zu gerne wissen, was wohl geworden wäre, wenn Eva den guten Adam mit Apfelscheiben auf duftendem Butter-Blätterteig verführt hätte! Dann allerdings hätte Eva der französischen Sprache mächtig sein müssen. Weshalb? Weil nur das Zauberwort «Tarte aux pommes» zur Verführung taugt. Doch woher hätte Eva Mehl und Butter für den Teig hernehmen sollen, woher Zimt und Zucker, wo es im Garten Eden gar keinen Krämerladen gab? Und womit hätte sie den Apfel in die durchscheinend dünnen Scheiben schneiden sollen, auf die man bei der Zubereitung einer echten Tarte nicht verzichten kann? Es muss den beiden tatsächlich nur der eine schöne Apfel geblieben sein, was beweisen würde, dass Äpfel auch ohne jegliches Beiwerk das unendliche Weh – oder das unendliche Glück – beeinflussen können.

Tarte aux pommes

Pro Person den Boden einer Tarteform von ca. 16 cm gut buttern, mit Zucker bestreuen und kalt stellen. Danach den Boden der Form – und nur den Boden – mit ca. 3 mm dünn ausgerolltem Butter-Blätterteig belegen und nochmals an die Kälte stellen. Äpfel (z. B. Gravensteiner oder Boskoop) schälen, in höchstens 2 mm dünne Scheiben schneiden, den Teigboden damit schuppenartig belegen, mit Zimtzucker bestreuen, einige Butterflocken auf den Äpfeln verteilen und die Tartes auf der mittleren Rille des Ofens bei 200 °C während ungefähr 12–15 Minuten backen. Sobald die Tartes eine schöne, goldene Farbe angenommen haben, müssen sie augenblicklich vom Blech genommen und auf Teller gehoben werden. Denn das kleine, raffinierte Detail liegt am caramelisierten Boden, der nicht nur ausserordentlich köstlich schmeckt, sondern auch ausserordentlich fest klebenbleibt, lässt man ihn auch nur 10 Sekunden im Blech liegen! Doch abgesehen von diesem kleinen Gefahrenmoment, sollten Tartes stets warm serviert werden.

Faites vos jeux …

… Und setzen Sie auf Rot! Kommen Sie, und spielen Sie mit in meiner Spielbank, in der es keine Gesetze, keine Altersgrenze und auch keine Mindesteinsätze gibt. Bei mir wird auch nicht Roulette, nicht Black-Jack und auch nicht Baccarat gespielt, und dennoch habe ich ein Glücksspiel anzubieten, und zwar eines, das nur Gewinner kennt! Wie das kommt? Ganz einfach: Der Gewinn ist weder vom glücklichen Zufall noch von einer geschickten Spielstrategie abhängig, sondern lediglich von Ihrer Beherztheit, genau zur richtigen Jahreszeit auf Rot zu setzen. Schaue ich in diesen Tagen durchs Fenster auf die bunt gefärbten Bäume, die leer gemähten Wiesen und abgeernteten Gärten, scheint mir, als wäre sie gekommen, die Zeit der roten Bete!

Was sich so poesievoll rote Bete nennt, ist nichts anderes als das Wurzelgemüse mit den dunkelviolett gefärbten Blättern, dem tiefroten Fleisch und dem süsslichen Aroma, das wir in unserer Umgangssprache völlig prosaisch als rote Rübe oder Randen bezeichnen. Wir kennen es vor allem als jenes vorgekochte und unliebsam verpackte oder in Gläsern oder Dosen abgefüllte Nebenprodukt, das einem gemischten Salat im Handumdrehen den nötigen Farbtupfer aufsetzt. Welch ein Schicksal für ein Gemüse, das so viel mehr zu bieten hat!

Mag sein, dass der bequeme Weg nur deshalb gegangen wird, weil die Kochmethoden lang und schwierig erscheinen, besonders wenn man sich an den Rezepten grosser Köche orientiert. Denn am Beispiel des Kochens in angesäuertem und mit Kümmel aromatisiertem Wasser können Randen gut und gerne zwei Stunden benötigen, bis sie gar sind. Der Nachteil dabei ist, dass, nebst dem feinen Aroma, wertvolle Inhalte an das Wasser abgegeben werden und dadurch verlorengehen. Eine andere, längst erprobte Methode wiederum empfiehlt, die rohen Randen zu salzen, in Alufolie zu wickeln und im Backofen zu garen, mit dem Vorteil, dass dem Gemüse alles erhalten bleibt, was es so kostbar macht. Nur eben lässt sich auch im Backofen die Garzeit nicht verkürzen.

Was also ist zu tun? Glücklicherweise werden auf dem Markt – aber nicht nur bei den Bauersleuten, sondern auch im Supermarkt und selbst in den kleinen Kooperativen – rohe Randen angeboten, so dass der Lust am Experimentieren nichts im Wege steht. Denn das Gemüse ist weder anspruchsvoll noch unbezähmbar, es muss nur – damit es schneller gar ist – stets klein geschnitten werden.

Doch wussten Sie überhaupt, dass sich rohe Randen für kleine, ausgesprochen köstliche Gerichte eignen? Zum Beispiel für eine Suppe oder gar für ein Gemüse mit Rahm, das sich im Nu zubereiten lässt? Faites vos jeux, setzen Sie auf Rot, und Sie werden gewinnen!

Randensuppe

250 g rohe Randen schälen und möglichst klein schneiden. 1 Frühlingszwiebel sowie ½ Knoblauchzehe würfeln und in Butter golden anziehen, die klein geschnittenen Randen zufügen, mit 1 EL altem Balsam-Apfelessig (oder Aceto Balsamico «Tradizionale» di Modena) ablöschen, mit ungefähr 4 dl kräftiger, entfetteter Fleisch- oder Geflügelconsommé auffüllen, vorsichtig salzen und zugedeckt während rund 30 Minuten köcheln lassen. Sobald das Gemüse gar ist, alles im Mixer (oder mit dem Mixstab) pürieren und mit dem Rücken eines kleinen Schöpflöffels durch ein feines Drahtsieb zurück in den Kochtopf streichen, 4 EL Sauerrahm untermischen, nach Bedarf salzen, mit frisch gemahlenem Pfeffer und einem Hauch Cayenne würzen und zusätzlich mit ein paar Tropfen Balsamessig aromatisieren. Zum Schluss mit knusprig gerösteten Speck- und Brotwürfelchen sowie fein geschnittener Petersilie bestreuen.

Was nun, mon chou?

Die einen mögen ihn am liebsten rot, andere hingegen lieber grün. Den einen käme rot-grün gerade recht, und wiederum andere möchten ihn am liebsten schwarz, doch schwarz hat ihn die Natur nicht geschaffen, und eine rot-grüne Ehe ist in der Pflanzenwelt auch nicht vorgesehen. Also müsste man sich zwischen grün und rot entscheiden, wenn da nicht auch noch der sanfte weisse wäre. Wie aber halten wir es mit seinem weltmännischen Getue und seiner unentschlossenen Haltung? Am liebsten zeigt er sich zwar pfälzisch-deftig, um dann doch wieder elsässisch-sauer aufzutreten. Einmal ist er nach Brüssel ausgerichtet, dann wieder chinesisch orientiert, und kaum hat er römische Eigenschaften angenommen, möchte er doch lieber ein Savoyarde sein. Nicht viel beständiger ist sein Aussehen. Kaum hat man seine mächtige Gestalt erblickt, auf der ein grosser, runder Kopf sitzt, erscheint er im Handumdrehen mit einem schlanken, spitzen Gesicht. Nirgends aber kommt sein wechselhaftes Wesen so sehr zum Tragen wie in seiner Kleidung: Mal gefällt er sich in einem glatten, mal in einem krausen Blätterkleid, um unvermittelt ein Blumen- oder Sprossenmuster vorzuziehen. Von den Franzosen lässt er sich gelegentlich «chou» nennen, für die Amerikaner ist er hin und wieder ein «kurlycole» und für die Engländer ein «cabbage», für uns aber ist und bleibt er schlicht ein Kohl.

Kaum eine Gemüsepflanze hat so viele Tanten und Onkel wie jene aus der unendlich grossen Familie Kohl. Aber auch keine Gemüsepflanze ist so umstritten wie das Kohlgemüse, und zwar egal, ob sich seine Blätter zu festen Köpfen schliessen, wie dies beim Weiss- und Rotkohl der Fall ist oder ob sie locker sitzen wie beim Wirsing, Stengel-, Schnitt- und Grünkohl, ob sich an Blütenstielen feine Blütenknospen bilden, wie dies beim Blumenkohl oder Broccoli geschieht oder ob aus den Stengelblättern Röschen spriessen wie beim Rosenkohl. Kohl sei Kohl, meinen manche und sind überzeugt, er verursache Blähungen und Magendrücken, andere wiederum erklären ihn zum Liebling ganzer Regionen. Manche lehnen ein Kohlgemüse wegen des strengen Geruchs und Geschmacks ab, während es andere gibt, die seine Voraussetzungen für glückliche Verbindungen überaus schätzen. Auch über die Heimat des Kohlgemüses ist man sich nicht einig. Die einen vermuten den Urkohl im Mittleren Orient, während andere glauben, er stamme von Küstengegenden Mittel- und Nordeuropas. Wo immer seine Wiege stehen mag, mir gefällt jene Legende am besten, die zu berichten weiss, Lykurgos habe sich mit Dionysos angelegt, und dieser soll ihn so sehr mit Licht geblendet haben, dass Lykurgos Tränen vergoss, aus denen die ersten Kohlköpfchen entstanden sein sollen.

Goujons de sole au chou vert

Von einem kleinen Grünkohl – der nie köstlicher schmeckt als nach dem ersten Frost – die schönen krausen Blätter zupfen, kurz in kochendem Salzwasser blanchieren und danach gut abtropfen lassen. In der Zwischenzeit 1 EL Sultaninen in warmem Wasser einweichen. Eine kleine, sehr fein gewürfelte Lauchzwiebel in Butter hellgolden anziehen, das Gemüse zufügen, vorsichtig mit Salz, frisch gemahlenem Koriander und weissem Pfeffer würzen und bei mittlerer Hitze – unter ständigem Bewegen der Pfanne – so lange sautieren, bis das Gemüse gar ist. Zum Schluss die Sultaninen untermischen und das Gemüse mit knusprig gerösteten Speckwürfelchen bestreuen. Seezungenfilets schräg in möglichst lange, etwa 2 cm breite Streifen schneiden, vorsichtig salzen und mit der flachen Hand zu Goujons rollen. Die Fischstreifen in Mehl wenden, überschüssiges Mehl abklopfen, durch Rahm ziehen und sekundenschnell in einer brutzelnden Butter-Olivenöl-Mischung golden sautieren. Das Gemüse in die Mitte von vorgewärmten Tellern anrichten und die Goujons auf das Gemüsebett setzen.

Der verlorene Ruf

Es ist spannend, zuzugeben, dass man ein Verhältnis zu Herrn Justus hat, und zu erfahren, ob man auch nach dem Geständnis weiterhin freundlich gegrüsst wird. Natürlich ist es ja auch bequemer, so zu tun, als wäre das, was man in Wirklichkeit tut, völlig gesittet und charaktervoll, sozusagen «comme il faut». Doch weshalb sollte man sich nicht zu Herrn Justus bekennen, wo man doch nichts anderes zu verlieren hat als seinen guten Ruf, gleichzeitig aber die Zuneigung von Unwissenden gewinnt? Es geht um Justus Liebig (1803–1873), den Erfinder des geheimnisvollen Extrakts im weissen Döschen mit der Aufschrift «Extract of meat». Und es geht um ein Hilfsmittel, das selbst die feinste Zunge zu überzeugen vermag.

Die Geschichte des Chemikers Liebig ist so faszinierend, dass damit Seiten gefüllt werden könnten. Auf das Wesentliche reduziert, hört sie sich aber etwa so an: Als Freiherr von Liebig in Darmstadt geboren, entwickelte der junge Professor einfache Methoden für organische Elementaranalysen, und über die Arbeit am Stoffwechsel bei Pflanzen und Tieren kam er zur Agrikulturchemie. Liebig, auch ein engagierter Kämpfer gegen das soziale Elend seiner Zeit, erhoffte sich von seiner Forschungsreise vor allem eine Verbesserung der menschlichen Ernährung. Er experimentierte mit dem Auskochen von Hühnern, später mit fein gehacktem Fleisch, das er so lange kochen liess, bis alle Flüssigkeit verdampft war und nur noch der reine Fleischextrakt übrig blieb. In der damaligen Münchner Hofapotheke musste das als «Armensuppe» vorgesehene «fleischliche Anregungs- und Stärkungsmittel» aber so aufwendig hergestellt werden, dass die notleidende Bevölkerung den Preis nicht bezahlen konnte.

Justus Liebig nahm sich den Umstand zu Hilfe, dass in Uruguay Tiere nur um der Häute willen geschlachtet wurden, ihr Fleisch aber achtlos in die Flüsse gelangte. Schliesslich wurde der «Extract of meat» nach seiner Methode, jedoch zu wesentlich günstigeren Bedingungen, in Südamerika hergestellt und von dort in alle Welt versandt. Der köstliche Extrakt, über dessen hohe Qualität Liebig zeit seines Lebens die Kontrolle behielt, geriet nach einer jahrzehntelangen Erfolgsgeschichte zwar ein bisschen in Vergessenheit, nur in der Küche des anspruchsvollen Feinschmeckers war der Extrakt immer (wenn oft auch nur klammheimlich) zu Hause. Im Gegensatz zu anderen Ersatzmitteln hat «Liebigs Fleischextrakt» nämlich sehr überzeugende Eigenschaften: aus reinem Fleisch gewonnen, enthält er weder synthetische Farbstoffe noch Geschmacksverstärker, weder ein Mittel zur Konservierung noch gegen Oxidation, was ihn zu diesem einmaligen Ausnahmeprodukt macht. Zwar sind exklusive Sachen immer kostspielig, doch in diesem Fall genügt eine Messerspitze davon, um einer kleinen Sauce Geschmack zu geben. Als Basis für eine Sauce ohne Jus zubereitet, soll Ihnen noch nachfolgendes Rezept dienen, das durch das Zufügen von Kräutern oder Gewürzen oder von einer Spur Portwein, Madère, Armagnac usw. vielfach variiert werden kann.

Sauce au vin rouge

2½ dl Rotwein von bester Qualität in eine Sauteuse giessen und folgende Zutaten zufügen: 1 EL fein geschnittenes Gemüse (Karotte, Lauch, Sellerie), 1 Scheibe feinst gewürfelter Frühstücksspeck, je 1 fein geschnittene Knoblauchzehe und Frühlingszwiebel, einige weisse, in Blättchen geschnittene Champignons, ein Stück Würfelzucker, 4 Petersilienstiele, je 1 Thymian- und Rosmarinzweiglein, ½ Lorbeerblatt sowie 6 weisse Pfefferkörner. Dies alles bei kleiner Hitze auf die Menge von ca. 0,5 dl reduzieren. Danach mit 1,5 dl aufgelöstem Liebig-Fleischextrakt auffüllen, kurz aufkochen lassen, durch ein feines Drahtsieb passieren, nach Belieben leicht binden, zum Schluss behutsam würzen und ganz nach Lust aromatisieren.

Die Himmelsspeise

Kein anderes Nahrungsmittel hat einen so eindrücklichen Symbolwert wie das Brot. Am lebendigsten ist seine sinnbildliche Aussage in religiösen Darstellungen erhalten, wie zum Beispiel im Fresko, das Leonardo da Vinci in den Jahren 1495–1497 für das Refektorium des Klosters «Santa Maria delle Grazie» in Mailand schuf. Auf dieser Wandmalerei ist nicht nur die dramatische Spannung zwischen Gnade und Verrat während des Letzten Abendmahls festgehalten, sondern das Bild zeigt auch jenen Augenblick, in dem Jesus in der Gemeinschaft seiner Jünger das Brot bricht. Dieser für christliche Glaubensgemeinschaften so bedeutsame Augenblick liess das «tägliche Brot» in der Alltagskultur fast aller Konfessionen zu einer alles übergreifenden Speise des Himmels werden.

Doch das Brot hat noch eine andere Geschichte, dessen einzelne Kapitel bis in die Jungsteinzeit zurückreichen. Es war die Zeit, in der die Menschen begannen, von Jagen und Sammeln auf Viehzucht und Ackerbau umzustellen und gleichzeitig auf den zyklischen Ablauf der Jahreszeiten zu achten. Die Menschen wurden sesshaft, schufen dörfliche Siedlungen und fingen an, Wildpflanzen zu kultivieren, aus denen zunächst der Emmer, eine Getreideart mit zwei Ährchen, entstand. Später kamen Gerste, Weizen, Hirse und Dinkel hinzu, bis etwa 750 v. Chr. auch Roggen angebaut wurde. Doch von einem Brot, wie wir es kennen, waren die Menschen damals noch weit entfernt. Bis der Steinmörser oder der Mahlstein erfunden waren, wurden die Getreidekörner geröstet gegessen. Erst als das Korn gemahlen werden konnte, gelangte es, mit Wasser oder Milch verkocht, als mehr oder weniger wässriger Brei auf die frühgeschichtliche Tafel. Dieser Getreidebrei war so lange auf dem täglichen Speiseplan fast aller Bevölkerungsschichten zu finden, bis im 16. Jahrhundert das Brot eine derartige Bedeutung bekam, dass es die ohnehin schon bestehende Gesellschaftsordnung neu definierte: Mit dem fein gemahlenen Weizenmehl buk man für die Reichen das Weissbrot, aus Roggen die «Brote der Busse» für die Mönche, aus gemischtem, grob geschrotetem Getreide für die unteren Schichten das «Armenbrot» oder das «panis fortis et durus» (das kräftige und harte Brot) für die Gefangenen. Und heute? Das sogenannte Hirtenbrot, wie es beispielsweise in unserem Haus gebacken wird, besteht aus Weizen, Roggen, Buchweizen, Sonnenblumenkernen, Sesam und Leinsamen. Sind wir nun reich oder arm? Mönche oder Gefangene? Oder vielleicht einfach nur glücklich, weil uns allein schon der Duft eines frisch gebackenen Brotes – ob köstlich weiss oder gesund geschrotet – zu gefallen vermag?

Hirtenbrot

350 g Hirtenmehl (in der Prättigauer Mühle der Lietha AG in Grüsch hergestellt, fast überall erhältlich) und 25 g Leinsamen sowie 7 g Salz in einer Schüssel mischen. 1 TL Backmalz (beim Bäcker erhältlich) und 14 g Trockenhefe in 2 dl warmem Wasser auflösen und unter gleichzeitigem Schlagen mit einem Holzlöffel (oder mit dem Knethaken eines Rührwerks, so vorhanden) zur Mehlmasse fügen. Den Teig dann so lange tüchtig schlagen, bis sich die Zutaten zu einer glatten, klebrigen Masse verbinden. Ein Backblech mit Backpapier auslegen. Aus dem Teig direkt auf dem Backblech mit einem nassen Teigspachtel und entsprechendem Abstand zwei runde Brote formen. Über die Teighäufchen je eine vorgewärmte Schüssel stülpen (oder ein feuchtes Tuch legen) und gleichzeitig darauf achten, dass die Schüsseln (oder das Tuch) den Teig nicht berühren. Den Teig während mindestens 1 Stunde gehen lassen. Den Backofen auf 210 °C vorheizen, das Backblech in die Mitte des Ofens schieben, ¾ Tasse Wasser auf den Boden des Backofens schütten und die Backofentür sofort schliessen. Nach 10 Minuten die Temperatur auf 195 °C zurückstellen, die Ofentür kurz öffnen, damit der Dampf abziehen kann, die Brote weitere 10 Minuten backen und zum Schluss auf einem Kuchengitter auskühlen lassen.

Guter Kern der Steiermark

Wenn sich im Herbst in den südoststeirischen Weingärten der hölzerne «Klapotetz», eine Art Windrad, zu drehen beginnt, dessen Geräusch die Vögel von den Trauben fernhalten und die Menschen an die fröhliche Zeit des jungen, angegorenen Weins, des sogenannten «Sturms», erinnern soll, sind auch die Tage der Kürbisernte angebrochen. Da sitzen dann die Bäuerinnen auf der sonnenwarmen Erde und lösen zum Teil noch heute die mandelförmigen Samen von Hand aus den gespaltenen steirischen Ölkürbissen. Der seit Jahrtausenden in Südamerika beheimatete gelbe Riesenkürbis war in Europa lange Zeit nur als Heil- und Zierpflanze bekannt, bis er im 18. Jahrhundert auch ausserhalb des südamerikanischen Kontinents als wichtiges Nahrungsmittel entdeckt wurde. Seither werden Kürbisse rund um den Erdball, vor allem in den Tropen, aber auch in wärmeren Gegenden der gemässigten Breiten, in fünf botanischen Unterarten kultiviert.

Für das besonders köstliche «Bauernkernöl» aus der Steiermark, das zu den Landleuten wie das Amen in der Kirche gehört, werden vorwiegend die gelben Riesen- oder Zentnerkürbisse verwendet, die sich einerseits durch einen geringen Anteil an Fruchtfleisch auszeichnen, andererseits über besonders viele Kerne verfügen. Zwei geschickte Hände sind darauf spezialisiert, aus etwa zweihundert Kürbissen – pro Tag, versteht sich – ungefähr 25 Kilo Kerne auszulösen, die nicht mehr als 10 Liter Öl ergeben. Nach einem jahrhundertealten Stempelverfahren werden die geernteten Kerne in der Ölmühle verarbeitet: Erst werden die getrockneten Samen in einer Steinmühle fein vermahlen und danach in der Wärmepfanne so lange behutsam erwärmt, bis der Ölpresser mit den Fingerspitzen erkennt, dass die Kernmasse zum Pressen bereit ist. Daraufhin wird der Brei schichtweise in das Sieb der Stempelpresse gefüllt, aus der schliesslich das Öl mit dem herben Duft von Nüssen und von tiefgrüner Farbe – und dem hohen Anteil von mindestens 75 Prozent ungesättigten Fettsäuren – durch langsames Pressen in die Behälter fliesst. Ohne zusätzliche Behandlung wird das hochwertige Öl vor dem Abfüllen während einer Woche gelagert, damit sich allfällige Fruchtrückstände am Boden der Behälter absetzen können.

Wie alles, was sich durch Handarbeit und aussergewöhnliche Qualität auszeichnet, hat auch das steirische Kürbiskernöl, insbesondere jenes aus dem Hause Gölles, seinen Preis. Es ist wahrhaftig kein Allerweltsprodukt, das im Supermarkt zu Aktionspreisen erhältlich ist, so dass es ohne Zweifel seine Liebhaber braucht, denn immerhin kostet ein Fläschchen von 2,5 dl Inhalt ein kleines Vermögen. Doch dieses Öl ist eine solche Delikatesse, dass es, mit einem ebenso köstlichen wie kostbaren Balsamicoessig kombiniert oder dezent auf eine Suppe, ein Gemüse oder auf kaltes Fleisch geträufelt, unvergleichliche Gaumenfreuden möglich – und die (wunderbar lustvolle) Investition schnell vergessen – macht.

Linsensalat mit Kürbiskernöl

Für 2 Personen: 75 g grüne Le-Puy-Linsen mit einem Thymianzweiglein, einigen Petersilienstielen, einer ungeschälten Knoblauchzehe und einer mit Lorbeerblatt und Nelke besteckten Zwiebel in etwa 4 dl mässig gesalzenem Wasser gar kochen. Je ein kleines Stück Karotte, Lauch, Sellerie und Frühstücksspeck in Brunoise und eine Frühlingszwiebel in feine Ringe schneiden. Das Gemüse kurz blanchieren, den Speck knusprig und die Zwiebelringe in Butter golden rösten. Die Gemüsewürfelchen unter die abgetropften, noch lauwarmen Linsen mischen, mit Salz und weissem Pfeffer aus der Mühle würzen, 1 EL Balsamicoessig mit der Qualitätsbezeichnung «Tradizionale» sowie 2 EL Kürbiskernöl unterrühren, auf Tellern anrichten und mit den Speckwürfelchen und Zwiebelringen bestreuen.

Der feinfühlige Würger

Er soll gelegentlich den Ehrgeiz haben, endlos in die Höhe zu wachsen und sich mit einer weit ausladenden Krone zu schmücken; er soll aber auch klettern und erdrosseln können, weshalb man dann gern vom Würger spricht. Dabei hätte er einen ganz anderen Ruf verdient. Lässt man nämlich die Gedanken weit zurück in die Vergangenheit wandern, machen sie bei frühchristlichen Darstellungen nackter Menschen halt, wo er auf feinfühlige Art seine Blätter zur schamhaften Verhüllung anbot. Die Rede ist vom Feigenbaum.

Was seine Lust am Würgen angeht, ist sie nur bei Bäumen vorzufinden, welche sogenannte Aufsitzer dulden, die ohne Kontakt mit dem Erdboden auf Ästen wachsen und so starke Luftwurzeln bilden, dass sie den Tragbaum erwürgen. Auch das Streben nach Grösse und ausladendem Blätterdach ist nicht eine grundsätzliche Eigenschaft des Feigenbaums. Doch weil er zur artenreichen Familie der Maulbeergewächse gehört, lehnt er sich mitunter gegen strenge Verhaltensmuster auf.

Die Geschichte des Baums mit dem botanischen Namen *ficus* scheint ihren Anfang in Babylonien zu nehmen. Dort, im Land zwischen Euphrat und Tigris, sollen in den Hängenden Gärten schon um 3000 v. Chr. die schönsten und süssesten Feigen gewachsen sein. Doch auch im alten Ägypten wie im antiken Griechenland wurden Feigenbäume schon früh mit grossem Geschick kultiviert. Über Phönizien, den schmalen Landstrich an der syrischen Mittelmeerküste, gelangte die Pflanze schliesslich in das Römische Reich. Es war die Zeit von Augustus und Tiberius, in der die Römer plötzlich Geschmack an allem fanden, was die ehemals gelebte Einfachheit in den Hintergrund rückte. Besonders Apicius, Roms bedeutendster Feinschmecker und Autor des ältesten erhaltenen

Kochbuches, muss ein so leidenschaftlicher Liebhaber dieser samtenen Frucht gewesen sein, dass sie zu seinem Alltag gehörte wie für uns der Apfel. Aber auch seine Schweine und Gänse sollen die Früchte mit den Körnchen gemocht und Unmengen davon verzehrt haben. Unschwer sich vorzustellen, dass die Schweine ein überaus wohlschmeckendes Fleisch lieferten. Dass sich aber die Leber der Gänse vergrösserte, ohne dass diese die Qual des Stopfens hätten erdulden müssen – für den genussvollen Römer mag es möglicherweise nur eine Nebenerscheinung gewesen sein, aus heutiger verantwortungsvoller Sicht hingegen könnte sich diese Art der Gänsefütterung zumindest als ein glücklicher Impuls für neue Denkprozesse erweisen.

Doch Feigen überraschen den Gaumen nicht nur über die Leber der Gans oder das Fleisch von Schweinen, auch als Beilage zu Wildgerichten oder als Desserts sind die Früchte von grossem Wohlgeschmack. Allerdings ist der Genuss von frischen Feigen für uns längst nicht so selbstverständlich wie in den südlichen Ländern, wo man sich vielleicht schon einmal die Frage gestellt hat, wie Eva bloss dazu kam, Adam mit einem Apfel zu verführen, wo doch Feigen ungleich verführerischer schmecken können.

Pochierte Feigen mit Portwein

In einer kleinen Sauteuse 1 EL Zucker hellblond caramelisieren, mit ½ dl Orangensaft ablöschen, mit 2 dl rotem Porto und 1 dl Rotwein auffüllen, je ¼ Zimt- und Vanillestange sowie eine Gewürznelke und ein Stück Orangenschale (ohne weisse Häutchen) zufügen. Pro Person 2 frische Feigen kurz unter kaltem Wasser abspülen, mit einer Nadel mehrmals einstechen, in den weinseligen Fond setzen und während etwa 20 Minuten bei kleinster Hitze leise köcheln lassen. Danach die Feigen in einen tiefen Teller heben, den Fond bei grosser Hitze um mindestens die Hälfte reduzieren, zum Schluss durch ein feines Sieb auf die Früchte giessen und erkalten lassen. Die Feigen mit der sirupartigen Sauce auf schönen Tellern anrichten und mit Crème fraîche oder mit Vanille- oder Zimteis servieren.

Winter

Tanz der Besen

Manchmal tanzen sie zu zweit, meist aber solo. Sie drehen und drehen sich schwindlig, und doch verlieren sie nie die Kontrolle über die Lage im Raum. Dauert der Tanz – ob zu zweit oder solo – aber länger als fünf Minuten, wird ihnen heiss, und sie riskieren den Ausfall ihrer Lebensader. Die Rede ist von einem kleinen Gerät mit grosser Wirkung: vom Stabmixer und seinen austauschbaren Schlagbesen.

Es gab Zeiten, da waren die Küchen gross und die Geräte klein. Dann wurden die Küchen klein und kleiner, und die Geräte gross und grösser, so, als seien in einer perfekt technisierten Küche praktisch alle Kochprobleme schon gelöst. Doch durch kaum vorhandenen Stauraum entstanden neue Probleme, und die grossen, kostspieligen, oft auch ein wenig umständlichen Maschinen fanden wieder zurück in ihre Verpackungen, in irgendeiner Schlupfecke ein unnützes Leben fristend. Als aber das kleine, handliche und anspruchslose Gerät entdeckt wurde, waren alle begeistert: die grossen Köche, weil sich Suppen und Saucen zu schaumiger Leichtigkeit aufmixen und Feinschmecker dadurch beeindrucken liessen, die kleinen Köche, weil sie die grossen nachahmen und ihren Freunden damit imponieren konnten.

Inzwischen ist der Stabmixer kaum mehr aus unseren Küchen wegzudenken. Gerade bei einer Sauce, die mit Butter gebunden werden soll, gelingt das Einarbeiten mit dem Stabmixer wirksamer und schneller als mit einem Schneebesen. Mit seinen scharfen Messerchen ist er aber auch ein unkomplizierter Helfer bei der Zubereitung von pürierten Suppen oder Saucen aus Beeren und Früchten. Man kann mit ihm direkt in einem Topf oder Gefäss arbeiten, so dass das Umfüllen in ein Mixglas wegfällt. Allerdings ist zu bedenken, dass ein Handmixer niemals über die Bärenstärke eines grossen Mixers verfügt, der mit seinem kräftigen Motor und den mehrteiligen Flügelmessern die Zutaten feiner und glatter verbindet. Doch mit dem austauschbaren Schlagbesen – bei einigen Modellen sind es gar zwei – ist diese Lücke schnell wieder ausgefüllt, denn im Handumdrehen lassen sich mit ihm Zucker und Eier für eine Glace oder Crème, Rahm für allerlei Desserts und Eischnee für Soufflés oder Meringues aufschlagen.

Qualität hat immer ihren Preis, und dies gilt auch für ein kleines Gerät, das immerhin auch eine gewisse Leistung zu erbringen hat. Je stärker der kleine Motor ist, desto mehr hält er aus. Am besten ist, Sie lassen sich in einem Fachgeschäft beraten, wo Ihnen nicht nur die Tauglichkeit der einzelnen Geräte erklärt wird, sondern wo Sie auch erfahren, was es mit den Preisunterschieden auf sich hat. Wichtig ist, dass Sie beim Kauf aufmerksam bleiben und nicht ein Gerät anschaffen, das nur deshalb hochpreisig ist, weil Spielereien in Kunststoffqualität mitgeliefert werden.

In einer Küche, die als lustvolle Werkstatt benützt wird, fällt immer wieder Eiweiss an, so dass nichts näher liegt, als mit dem praktischen Schlagbesen für ein paar Schleckmäuler köstliche Meringues herzustellen.

Meringues

Den Backofen auf 125 °C vorheizen und ein Backblech mit Backpapier belegen. 100 g Eiweiss (von möglichst frischen Eiern) in einer absolut sauberen Schüssel zu Schnee schlagen, gleichzeitig ein paar Tropfen Zitronensaft (oder eine Prise Salz) zufügen. Sobald der Schnee fest zu werden beginnt, langsam 80 g Zucker einrieseln lassen. Erst danach weitere 80 g Zucker zufügen und so lange weiterschlagen, bis sich am Schneebesen feste Spitzen bilden und sich die Masse glatt und glänzend zeigt. Zum Schluss behutsam mit einem Holzlöffel weitere 80 g Zucker unter den Schnee heben, in einen Spritzbeutel füllen und auf das Backblech mehr oder weniger grosse Rosetten spritzen. Das Gebäck während ungefähr 1 Stunde zu einer Farbe wie Elfenbein backen.

Sie ist alles

Sie ist alles! Sie ist süss wie Honig und bitter wie Galle, hell wie der Tag und dunkel wie die Nacht; sie ist sowohl Begehren als auch Verzicht, sowohl Qual als auch Balsam; sie ist wohltuend wie eine Umarmung und schädlich wie Motten im Kleiderschrank. Sie ist Ostern und Weihnachten, der Himmel auf Erden und der Teufel im Bauch – die Schokolade.

Es ist für jemanden, der sich nachts wie ein Trüffelhund durch das Haus schnuppert, um das (vom eigenen Ehemann beschlagnahmte und arglistig) versteckte, süss duftende Zeug aufzuspüren, nicht einfach, die Sprache unter Kontrolle zu haben. Doch selbst der Schriftsteller und Feinschmecker Brillat-Savarin (1755–1826), berühmt geworden durch seine humor- und geistvolle Theorie der Tafelfreuden, muss seiner Sprache nicht mehr ganz mächtig gewesen sein, als er schrieb, Schokolade bringe dem Gebildeten die verlorengegangene Klugheit und den Verwirrten die Klarheit der Gedanken zurück, zudem öffne sie die Herzen und lasse die Langeweile, die feuchte Luft und die schlecht gelaunten Mitmenschen besser ertragen. Aber auch andere haben sich von diesem Teufelswerk verzaubern lassen. So hat die Schokolade beispielsweise Maler wie Peter Jacob Horeman (1700–1776) zu Gemälden, Komponisten wie Wolfgang Amadeus Mozart zu Rezitativen, den haitischen Dichter Simon Bolivar (1783–1830) zu Lobpreisungen, Johann Wolfgang von Goethe zu Erkenntnissen, dominikanische Gläubige zu Gebeten, Eroberer wie Hernando Cortez (1485–1547) zu unmenschlichen Handlungen und allerlei Gelehrte sowohl zu falschen als auch zu richtigen An- und Einsichten inspiriert. Die «Speise der Götter» war in der Geschichte aber auch Sache der militanten Politik und vor allem der allmächtigen Kirche. Als zum Beispiel die Dominikaner, die zum einflussreichsten Orden des Mittelalters gehörten, vom übermässigen Schokoladengenuss der Jesuiten erfuhren, erklärten sie das süsse Laster zur Sünde. Die Kakaoschleckerei stamme aus des Teufels Küche, schimpften die frommen Ordensbrüder; denn sie sei sowohl für Nonnen als auch für die Mönche ein zu gefährliches Mittel. Es enthalte nämlich Kräfte, die jene erneut in sexuelle Nöte brächten, die sich von den weltlichen Freuden abgewandt und von der Lust an der Liebe befreit hätten. Dabei waren es doch gerade die Nonnen und Mönche, die den Weg zur Schokoladeherstellung vorbereiteten! Ob es Zufall oder eben doch die Lust an der Liebe war, weshalb Gottes Töchter und Söhne so sehr dem Genuss von Schokolade verfielen, dass sie selbst den Verlust der Gnade riskierten – wer will es so genau wissen. Jedenfalls brauchte es das Machtwort von Kardinal Laurentius Brancati (1612–1693), der dem Kakao die scheinbar verwerflichen Eigenschaften absprach und die Leckerei auf der kirchlichen Verbotsliste strich.

Sollten Sie in diesen Lichtertagen zur süssen Sünde neigen, dann halten Sie sich einfach mit mir an den Talmud, dem nach der Bibel wichtigsten hebräischen Werk: «Wer eine Sünde zweimal begeht, der hält sie für keine Sünde mehr.»

Mousse au chocolat

Für 4–6 Personen 125 g Zartbitter-Schokolade zerbröckeln und bei kleinster Hitze in einem Pfännchen in 2 EL Wasser schmelzen. 50 g Zucker zufügen, diesen völlig auflösen und danach das Ganze auskühlen lassen. Etwa 100 g Eigelb (von 4 absolut frischen, normal grossen Eiern) sowie 2 EL Grand Marnier sorgfältig unter die erkaltete Schokolade ziehen. 2½ dl Vollrahm in einer kalten Schüssel sehr steif schlagen, mit dem Schneebesen vorsichtig unter die Schokolade-Eier-Crème heben, in schöne Gläser oder Schalen füllen und bis zum Gebrauch kalt stellen. Vor dem Servieren mit hauchdünnen Schokoladespänen bestreuen.

Die dummen Instrumente

Zu Beginn des 17. Jahrhunderts hatte die «Compagnia della Lesina» in ihren Statuten stehen: «Unsere Mitglieder mögen von ihrem Tisch Gabeln und Löffel verbannen: Hat uns nicht Mutter Natur fünf Finger an jeder Hand geschenkt? Warum sie mit jenen dummen Instrumenten beleidigen, die eher dazu geschaffen sind, Heu aufzuladen denn das Essen?» Hielte ich fernöstliche Lehren und Weisheiten für die absolute Wahrheit, würde ich eiligst auf die Suche nach meiner Urseele gehen und dabei erfahren, dass sie auf ihrer Wanderung in irgendeinem Mitglied dieser Gesellschaft innegewohnt haben muss. Wie sonst soll ich mir die Lust erklären, mit der ich es Neapels verwegenen Männern gleichtun und so wunderbar sinnliche Manieren gelegentlich übernehmen möchte? Ein paar kurz in Butter sautierte Spätzli, mit den Fingern aus der hohlen Hand in den Naschmund geschoben, ganz im Verborgenen …? Doch ass nicht die ganze Menschheit jahrtausendelang mit den Fingern und war glücklich dabei?

Wie konnte der Mensch bloss einmal auf die Idee kommen, Löffel, Gabel und Messer zu benutzen und zu erklären, deren Gebrauch oder Missachtung würde darüber entscheiden, ob man der feinen Gesellschaft oder dem gemeinen Volk angehört! Welch eine Anmassung, über sinnesfrohen Menschen einen Bann zu verhängen und sie in die gesellschaftliche Isolation zu schicken! Natürlich waren sie dann einmal vorbei, die Zeiten, in denen es in Neapels Strassen Ausdruck der Lebensfreude war, mit den Fingern ein paar Teigfäden in die Höhe zu heben und in den geöffneten Mund gleiten zu lassen, und vorbei auch die Zeiten, in denen der Löffel mit seiner schalenförmigen Vertiefung bestenfalls als ein Schöpfgerät oder als liturgisches Utensil beim Darreichen des Abendmahls galt.

Dass auch ein Essgerät das Bild verschiedener Zeitabschnitte in der Menschheitsgeschichte zeichnen kann, ist keine neue Erkenntnis; neu ist vielleicht nur, dass ein so «dummes Instrument» wie der Löffel als ein Zeichen verfeinerter Lebensart betrachtet werden kann. In der Bronzezeit aus Ton, im alten Ägypten aus Holz und Stein, im Mittelalter aus Zinn und spätestens seit der Regentschaft Ludwig XV. aus Silber gefertigt, hatte der Löffel während seiner ganzen Entwicklungsgeschichte wohl kaum jemals so viel über einen geniesserischen Gaumen ausgesagt wie in jüngster Zeit. Die Rede ist von jenem Besteckteil, der in den siebziger Jahren – als aus Sossen Saucen und aus Essern feine Nasen wurden – die kulinarischen Freuden auf wunderbare Weise zu steigern vermochte: dem Saucenlöffel. Er ist so flach und dünn, dass man nicht nur aparte Saucen, cremige Desserts, pürierte Beeren, selbstgedrehte Glaces und wohlschmeckende Sabayons genussvoller auslöffeln kann; er ersetzt ausserdem auch das Fischmesser. Was also ist er nun, der Saucenlöffel? Ist er ein gescheites oder ein dummes Instrument? Wie gut, sich in einer Zeit und in einer Ecke dieser Welt zu spüren, in der sich die Gesellschaft durch nichts anderes als an solch schönen Fragen spaltet!

… à la sauce au safran

Eine Safransauce begleitet sehr harmonisch jede Art von Meeresfrüchten, aber auch ausgelöste Filets von See- und Meeresfischen. Für 2 Personen gehen Sie wie folgt vor: 1 fein geschnittene Frühlingszwiebel sowie 2 fein gewürfelte weisse Champignons in Butter anziehen, mit je ½ dl Weisswein und trockenem Vermouth sowie 1 dl Fisch- oder Geflügelfond ablöschen, ½ Lorbeerblatt, 1 Msp. Safranfäden, 1 Zweiglein Thymian sowie 2 klein geschnittene Petersilienstiele zufügen und alles auf die Menge von etwa 2 EL einköcheln lassen. 1 dl Rahm zufügen, durch ein feines Sieb passieren, nochmals kurz aufkochen, vorsichtig mit Salz und einem Hauch Cayenne würzen und ein paar Tropfen Zitronensaft aromatisieren. Zum Schluss 1 geschälte, entkernte und fein gewürfelte Tomate, 4 feinst gewürfelte Champignons sowie 1 EL geschlagenen Rahm und Kerbelblättchen unterheben und die Köstlichkeiten aus Meeren oder Seen damit umgiessen.

Schlagzeilen der Lebensfreude

Könnten Sie sich vorstellen, auf den ersten Seiten einer NZZ-Ausgabe nur über die schönen Dinge des Lebens lesen zu dürfen? Das Weltgeschehen einmal – nur ein einziges Mal – mit friedlichen Bildern in Zusammenhang zu bringen und beunruhigende Nachrichten gegen lebensfrohe auszutauschen? Dann würde auf der Titelseite nichts von politischen Geiselnahmen und nichts von Spendenaffären stehen, dafür würde die zauberhafte Kochkunstgeschichte Italiens erzählt; kriegerische Auseinandersetzungen würden mit Maccaroni ausgetragen, aus feindlichen Raketen Tartufi bianchi abgefeuert, religiöse Konflikte mit Fettuccine gelöst, Grenzen mit Gnocchi verteidigt und Menschen von Bruschetti verfolgt; es würden Tankschiffe Aceto balsamico mit sich führen, Vulkane Brodo spucken und von den Bergen Vermicelli stürzen; Personaldebatten in Parteien würden nach frisch geriebenem Parmigiano und bilaterale Verhandlungen nach Basilico duften, angedrohte Zinserhöhungen würden durch jungfräuliches Olio verde aufgehalten, und die Wirtschaftskriminalität würde den Wohlgeruch von Aglio annehmen! Gewalt und Elend, Politik und Wirtschaft gingen für den Zeitraum eines Augenblicks in einem Meer von Düften und Aromen unter, und wir könnten uns – so wir dann immer noch wollten – völlig entspannt den Seiten mit dem Besuch des Erzbischofs oder der Anthologie arabischer Erzählkunst zuwenden, uns vielleicht auch noch mit Schildbürgerstreichen oder der Entsorgung von Klärschlamm auseinandersetzen. Hauptsache, beklemmende Headlines auf der Frontseite würden für einmal durch Schlagzeilen der Lebensfreude ersetzt.

Weil nun aber solche Gedankenspiele kaum etwas mit der Wirklichkeit zu tun haben, müssen wir unsere Phantasien anders leben und uns mit machbareren

Freuden beschäftigen. Wen wundert's, dass ich dabei an die naheliegendsten Dinge, nämlich an die Freuden des Gaumens, denke, wie sie täglich unter unseren Händen entstehen oder allein schon in unserem Kopf heitere Bilder vom Leben zeichnen. Wer wollte bestreiten, dass dazu das lukullische Italien gehört! Was müssten wir uns ohne die sonnengereiften Produkte mit den verschwenderischen Aromen, Formen und Farben kulinarisch einsam fühlen! Wer wollte leugnen, dass wir uns allein schon beim Genuss von selbsthergestellten Nudeln oder von mehr oder weniger dicken Spaghetti so beschwingt und glücklich glauben, als wären wir irgendwo zwischen dem nördlichen Piemont und dem südlichen Kalabrien zu Hause! Wir brauchen die sperrigen schwerelosen Teigwaren nur in viel Salzwasser in den samtenen Zustand zu bringen und auf der Bühne der Lust ihre verführerische Rolle spielen zu lassen, und schon sind sie das Dach, unter dem sich Menschen nahekommen, Gegensätze überwunden und Seelen heiter werden.

Spaghetti «ajo e ojo»

Für vier Personen: Für das Tomatenbett je 1 Knoblauchzehe und Frühlingszwiebel in Würfelchen schneiden, in Olivenöl goldgelb anziehen, 6 aromatische, geschälte, entkernte und klein gewürfelte Tomaten zufügen, mit Salz und Pfeffer würzen, kurz durchschwenken und bis zum Gebrauch beiseite stellen. 2 Knoblauchzehen so fein wie nur möglich würfeln. Eine Tasse gemischte Kräuter wie zum Beispiel Basilikum, flache Petersilie, Majoran, Oregano und Thymian fein schneiden bzw. kleine Blättchen von den Stielen zupfen. Danach gehen Sie wie folgt vor: In einem Brattopf den Knoblauch in ½ dl feinstem Olivenöl bei kleiner Hitze so lange anziehen, bis er betörend duftet, die noch kochend heissen und abgetropften Spaghetti sowie ein grosszügiges Stück Butter zufügen, mit Salz, weissem Pfeffer aus der Mühle und einer Spur Muskatnuss würzen, die Kräuter untermischen, gleichzeitig die Spaghetti mit zwei grossen Gabeln hochziehen, damit sie sich mit den würzigen Zutaten innig verbinden. Die sautierten Tomaten kurz erhitzen, in vorgewärmten Tellern anrichten, die Spaghetti auf das Tomatenbett setzen und mit feinst gehobeltem Parmigiano Reggiano bestreuen.

Die Kunst, ein Gourmet zu sein

Für Anthelme Brillat-Savarin (1755–1826), berühmt geworden durch seine humor- und geistvolle Theorie der Tafelfreuden, bedeutete die Feinschmeckerei eine verfeinerte Art der Ernährung, «die neben der Gesundhaltung besonders den Gaumen und Geist erfreuen soll […], sie bestimmt, wann jedes Nahrungsmittel verzehrt werden kann, denn nicht alle kann man unter den gleichen Umständen servieren. Die einen werden genossen, ehe sie sich völlig entwickelt haben, andere im Augenblick, da sie die höchste Stufe der Vollkommenheit ersteigen …» Ein Feinschmecker muss demnach über besondere Eigenschaften verfügen, vor allem muss er den Appetit mit einer feinen Zunge und klugem Geist verbinden können. Doch wollen wir überhaupt ein Feinschmecker sein, wo wir ihn gern als eine Person betrachten, die durch ihren Lebensstil nichts anderes zu erwecken sucht als den Anschein von Bildung und Bedeutung? Diese Einschätzung mag da und dort zutreffen, grundsätzlich aber hat sie mit einer Zeiterscheinung zu tun, die – anstatt Missverständnisse zu erzeugen – uns hätte lehren können, ein echter Gourmet zu werden. Die Rede ist von der «Nouvelle Cuisine».

Natürlich stehen manche Menschen Erneuerungen skeptisch gegenüber und mögen es nicht, wenn gegen die Regeln ihres Traditionsbewusstseins verstossen wird. Doch damals ging es nicht darum, Glaubensregeln über Bord zu werfen, wie es auch nicht darum ging, in den Küchen um jeden Preis Originalität beweisen zu müssen. Denn so neu war die Neue Küche nicht, sie hatte sich nur – wie sie das schon immer im Laufe der Geschichte getan hat – einfach wieder einmal erneuert. Neu war etwas ganz anderes: Die sanfte Revolution befreite uns aus der Strenge von Traditionen, brachte uns in Einklang mit der Zeit, in der wir lebten, und machte uns offen für neue Gaumenfreuden. Plötzlich galten wieder die Prinzipien der Jahreszeiten, die Aromen frisch geernteter Früchte, der Duft frisch gepflückter Beeren und die klaren Augen frisch gefangener Fische. Wer also gelernt hat, das Spiel der Jahreszeiten zu verstehen, hat auch gelernt, zu verzichten, denn nur wer verzichten kann, kann auch zum richtigen Zeitpunkt «Gaumen und Geist» erfreuen und darf sich schon fast einen Feinschmecker nennen. Kommen noch die Neugier auf ungewohnte Produkte und die Unbekümmertheit, mit ihnen umzugehen, hinzu, ist die höchste Entwicklungsstufe zum echten Gourmet erreicht.

Es ist die Zeit der Jakobsmuscheln; nie schmeckt ihr zartes Fleisch köstlicher als im Winter. Wenn Ihre Sinne allein schon beim Gedanken an diese herrlichen Meeresfrüchte tanzen, wird man über Sie dereinst sogar dasselbe schreiben können wie über Brillat-Savarin: «Gleich darauf ging er hin und starb, heiter und befriedigt, wie man vom Mahle aufsteht.»

Jakobsmuscheln à la nage

Sie benötigen ½ dl trockenen Vermut, 2 EL Weisswein und 1½ dl Fischfond (oder Geflügelfond), 1 fein geschnittene Frühlingszwiebel, 1 EL weisse Lauchwürfelchen, 2 oder 3 fein geschnittene Petersilienstiele, 1 Stück Zitronenschale (ohne weisse Häutchen, in feinste Streifen geschnitten), 1 TL frisch geriebenen Ingwer, 4 Champignons (in Blättchen geschnitten) sowie je 6 Koriander und weisse Pfefferkörner. Alle Zutaten 30 Minuten leise köcheln lassen, danach nur die Koriander- und Pfefferkörner entfernen, 3 EL Crème fraîche zufügen, mit Salz, einer Spur Curry sowie mit frisch gemahlenem Koriander, ½ TL frisch geriebenem Ingwer und ein paar Tropfen Zitronensaft würzen. Pro Person drei ausgelöste Jakobsmuscheln (ohne Corail) unter Wasser abspülen, von Unreinheiten befreien und in Küchenpapier trocknen. In einer Bratpfanne geklärte Butter erhitzen, die Muscheln vorsichtig salzen, mit einer Prise Zucker bestreuen und bei mässiger Hitze beidseitig golden caramelisieren. Die Nüsschen in die Mitte von zwei vorgewärmten Tellern setzen und mit der heissen Sauce umgiessen.

Black is beautiful

Sollte die Aussage, Black sei beautiful, von allgemeiner Gültigkeit sein, muss sie bezweifelt werden. Immerhin gab es die Schwarze Hand, hinter der ein serbischer Geheimbund steckte, und es existieren schwarze Listen, auf denen man nicht unbedingt stehen möchte; dann gibt es Leute, die fürchten sich vor einem neuen Schwarzen Freitag und andere vor dem tödlichen Biss der Schwarzen Witwe; wer den Schwarzen Peter in der Hand hält, sieht sich meist in die Enge getrieben, und fragen Sie einmal einen Mann, was er von der Schwarzen Alice hält. Black ist zweifelsfrei dann beautiful, wenn die Schönheit einer gewissen Menschenrasse oder das Geheimnisvolle der Nacht gemeint sind. Dies alles aber kümmert den Feinschmecker wenig, für ihn ist die Farbe Schwarz nichts anderes als das Symbol für höchste Sinnesfreuden, frei nach Brillat-Savarin: «Die Entdeckung der Trüffel ist für das Glück des Menschengeschlechts von grösserer Bedeutung als die Entdeckung eines neuen Gestirns.»

Die Knolle, die meist in der symbiotischen Lebensgemeinschaft mit dem Wurzelgeflecht von Eichen wächst und so viele Mineralien und Nährstoffe verbraucht, dass der umliegende Boden auch als «verbrannte Erde» bezeichnet wird, hat ein Aroma, das schon immer die verstiegensten Vergleiche zuliess und die frechsten Phantasien anregte. Nicht zufällig werden der Knolle Wirkungen zugeschrieben, welche ein besonders süsses Vergnügen fördern sollen. Für mich hat die Trüffel nichts anderes als den Wohlgeruch der Erde, vielleicht auch ein bisschen den Geruch des Mystischen im Sinne des Erlebens einer unergründlichen Natur, ein Geruch jedenfalls, der mehr das Herz als den Geist anspricht.

Die Trüffel wird zuweilen auch als schwarzer Diamant bezeichnet, weshalb ihr dann die Ausstrahlung von Luxus anhaftet. Doch der Vergleich ist mehr als eine Wertschätzung und weniger als ein Prestigedenken von ein paar Unverbesserlichen zu verstehen. Was natürlich richtig ist: Durch das seltene Vorkommen spielt das Gesetz der freien Marktwirtschaft, so dass es unweigerlich zu einer unverhältnismässig hohen – aber auch unverhältnismässig genussvollen – Investition führt, wenn die Trüffel in einem Rezept vorkommt. Wie soll man dann sein Gewissen beruhigen? Halten Sie es mit mir: Ich bitte den Weihnachtsmann, mir nichts anderes als eine grosse schwarze Périgordtrüffel vor die geschmückte Tür zu legen, und dann will ich geduldig sein und so lange auf den Genuss verzichten, bis im nächsten Jahr wieder ein Trüffelhund für mich in der Erde unter einer Eiche buddelt.

Royale à la sauce aux truffes

4 Dariolefórmchen von ca. ¾ dl Inhalt mit weicher Butter auspinseln und kalt stellen. 1 schwarze Trüffel in Würfelchen schneiden, in wenig Butter anziehen, je ½ dl Madère und Porto zufügen, auf die Menge von 2 EL reduzieren, mit 1 dl kräftigem Kalbsjus auffüllen und bis zum Gebrauch beiseite stellen. 1 dl Rahm und 2 Eier in einer kleinen Schüssel gut vermischen, vorsichtig mit Salz, einem Hauch Cayenne und einer Spur frisch geriebener Muskatnuss würzen, die Förmchen damit füllen und mit Alufolie verschliessen. Den Boden einer Pfanne, die gerade so gross ist, dass die Förmchen darin Platz finden, mit vier Lagen Zeitungspapier auslegen, die Förmchen auf das isolierende Papier stellen, bis 1 cm unter dem Rand Wasser angiessen und die Rahm-Eier-Mischung während ungefähr 20-30 Minuten garen. Achten Sie darauf, dass das Wasser zu keinem Zeitpunkt kocht, sondern sich nur leise bewegt. Vor dem Anrichten die Trüffelsauce erhitzen und mit so viel kalten Butterflocken binden, bis die gewünschte Konsistenz erreicht ist. Die Köpfchen vorsichtig in vorgewärmte, tiefe Teller gleiten lassen, mit der heissen Sauce umgiessen und als kleine Vorspeise servieren.

Das Geschmeide der Dogaressa

Als das Byzantinische Reich seine Macht über Venedig verloren hatte, wurde die Gewalt in die Hände von Dogen gelegt. Das Amt vereinigte nicht nur militärische und richterliche Zuständigkeiten, es erlaubte den vom Adel gewählten Mitgliedern der «Signoria» auch, enorm viel Einfluss auf die Kunst und das gesellschaftliche Leben auszuüben. Es braucht nicht viel Phantasie, um sich vorzustellen, dass sich die Damen der herrschenden Klasse schon damals in den Mittelpunkt zu rücken wussten. Wessen Geist muss wohl jene Dogaressa – wie die Gattin des jeweiligen Dogen genannt wurde – gewesen sein, die ihren unermesslichen Besitz nicht etwa mit Gold, Perlen oder Diamanten zur Schau trug, sondern es genüsslich darauf anlegte, die weibliche Nobilità mit Ketten aus aneinandergereihten Gewürzen und die Herren mit den Aromen des Orients zu reizen! Ein solcher Auftritt ist für jene Zeit bezeichnend. War Venedig während der Kreuzzüge ein idealer Umschlagplatz sowohl für orientalisches Geistesgut als auch für reiche Beute an Kunstwerken, erreichte die Lagunenstadt mit der Entdeckung der Seewege und Gewürzinseln eine noch grössere Bedeutung, und den Machthabern brachte es einen noch grösseren Reichtum. Besonders der Handel mit Pfeffer war so einträglich, dass vor allem die Seemacht Portugal nicht ganz unzimperlich daran ging, den Zwischenhandel auszuschalten und den Venezianern ihre Monopolstellung streitig zu machen.

Jahrhunderte später leben wir im Überfluss aller Dinge, mahlen weisse, schwarze und grüne Pfefferkörner, ohne uns dabei Gedanken über ihre Geschichte zu machen. Aber wer will schon beim lustvollen Kochen darüber sinnieren, dass dieses Gewürz mit dem unschätzbaren Marktwert einst dazu diente, über Krieg oder Frieden zu entscheiden, Provokateure zu bestechen oder besiegten Völkern hohe Abgaben zu auferlegen! Doch die Früchte des Wurzelkletterers mit der wissenschaftlichen Bezeichnung *piper nigrum* haben nicht nur den Verlauf der Geschichte beeinflusst. Die bunten Körner sind noch heute von enormer Bedeutung, und dies nicht, weil sie noch immer über Wohlstand oder Besitzlosigkeit bestimmen, sondern mehr, weil sie zum vergnüglichen Spiel mit der Aromenapotheke beitragen. Dort kräftig mit frisch gemahlenem schwarzem, hier behutsam mit weissem Pfeffer gewürzt, lehrt uns das charaktervolle Gewürz zudem, den Gaumen jederzeit zu erfreuen und niemals zu irritieren. Doch was halten Sie vom frischen, grünen Pfeffer? Wussten Sie, dass die unreif geernteten, weichen Beeren besonders fruchtig schmecken und sich für Buttermischungen genauso hervorragend eignen wie für Saucen oder Terrinen? Wenn Sie noch keine Erfahrung damit haben, rate ich Ihnen zum nachfolgend beschriebenen Gericht. Ob es allerdings genauso zur Verführung taugt wie damals Marilyn Monroe in der Filmkomödie «Some like it hot», kann ich nicht beurteilen; ich weiss nur, dass mich in jenen Tagen die erstmals aus Madagaskar importierten, grünen Körner – selbstverständlich völlig zusammenhanglos – zum gleichnamigen Gericht inspiriert hatten.

«Some like it hot»

Für 2 Personen 250 g Rindsfilet (oder zarte Rindshuft) ca. 2 cm gross würfeln, mit Salz und frisch gemahlenem weissem Pfeffer würzen, in aufschäumender Butter sautieren und in einer Schüssel warm halten. Frische Butter zur Bratbutter fügen, eine fein geschnittene Frühlingszwiebel golden anziehen, mit je ½ dl Weisswein und trockenem Vermouth sowie 1 dl weissem Kalbsfond (oder Bouillon) ablöschen, auf die Menge von ½ dl einkochen, 1½ dl Rahm zugiessen und zu einer sämigen Sauce reduzieren. Mit Salz und einem Hauch Cayenne würzen, mit einigen Tropfen Zitronensaft aromatisieren, 1 EL grüne (weiche) Pfefferkörner kurz unter kaltem Wasser abbrausen und unter die Sauce mischen. Das Fleisch in der Sauce heiss schwenken, mit Schnittlauchröllchen bestreuen und mit Trockenreis servieren.

Der Champion

Er muss nicht besonders weit oder hoch springen und auch nicht schneller als andere sein. Er muss weder Fäuste einsetzen noch mit einem Ball spielen können, und doch fliegen ihm die Herzen zu. Er muss ganz einfach der Schönste von allen sein, ein Köpfchen wie Elfenbein und kleine Füsschen haben und – wie ein echter Pariser Bonvivant – die Dunkelheit dem Tageslicht vorziehen, und schon ist er der Grösste: Le Champignon de Paris.

Grundsätzlich versteht man unter einem Champignon (vom französischen Wort champ für «Feld» abgeleitet) eine Gattung der Blätterpilze *(psalliota)*, zu denen unter anderem auch der Feldchampignon *(psalliota campestris)*, der Schafchampignon *(psalliota arvensis)* und der Waldchampignon *(psalliota silvatica)* gehören. Während über diese wildwachsenden Pilze hinreichend wissenschaftliche Angaben existieren, scheint sich der Champignon de Paris mit lauter amüsanten Geschichten zu umgeben. Aus der einen Quelle sprudelt die Vermutung, die Existenz dieses Zuchtpilzes sei einem völligen Zufall zu verdanken: Französische Melonenzüchter sollen entdeckt haben, dass sich der Feldchampignon nirgendwo sonst als in dunklen Pferdeställen auf feuchtem Pferdemist züchten lasse. Ausgerechnet Melonenzüchter! Tatsächlich aber soll Ludwig XIV. das Kunstwerk vom seltsam duftenden Mistbett so sehr geschätzt haben, dass er seinen Gärtner bat, ihn das ganze Jahr über damit zu versorgen, worauf der grüne Meister grosse runde Platten aus Pferdemist formte, auf denen der Mistpilz in der Dunkelheit königlicher Stallungen wunderbar gedieh. Weil zu Napoleons Zeiten die Pilze nicht nur in der Gironde und im Val de Loire, sondern mit grossem Erfolg vor allem im 15. Arrondissement von Paris kultiviert werden konnten, wurde der Champignon mit der Zusatzbezeichnung «de Paris» so etwas wie geadelt. Andere Quellen erzählen andere Geschichten, zum Beispiel über König Karl VII., der weniger an der Eroberung von Ländern als an der Eroberung von Frauen interessiert gewesen sein soll. Als der König an einer Pilzvergiftung starb, muss der Tod seine neidischen Rivalen so sehr gefreut haben, dass sie seine Fahrt zum Himmel scheinheilig mit der Klage begleiteten: «Hättest du doch bloss weniger von Frauen und mehr von Champignons verstanden, wäre dir noch ein langes, schönes Leben beschieden gewesen!»

Keine Sorge! Ein Champignon de Paris ist der zahmste aller Pilze und zu keiner Zeit tödlich. Dafür ist er jederzeit verfügbar und zu allerlei schönen Gerichten zu gebrauchen, wie zum Beispiel für einen Salat, wozu die (selbstredend frischen!) Pilze in Scheiben geschnitten, in einer Olivenöl- Vinaigrette kurz mariniert und mit fein geschnittenen Kräutern wie Petersilie, Thymianblättchen, Basilikum, Estragon und Kerbel serviert werden. Was aber halten Sie von Champignons de Paris à la crème? Auf knusprig getoastetem Brot? Um dem Gaumen zu gefallen, müssen die Pilze nur Köpfchen wie Elfenbein und kleine Füsschen haben!

Croûtes aux champignons

Die Füsschen von 400 g Champignons von Erde befreien, die Pilze kurz auf einem Sieb abbrausen und mit einem Tuch trocknen. Sehr kleine Champignons ganz lassen, grössere in nicht zu dünne Scheiben schneiden – ungefähr 3 mm dick ist gerade richtig. In einer möglichst weiten Bratpfanne ein paar Tropfen Öl erhitzen, die Pilze zufügen und bei grosser Hitze so lange sautieren, bis das Pilzwasser verdampft ist. Erst jetzt ein Stück Butter sowie eine möglichst fein geschnittene Frühlingszwiebel und eine ungeschälte Knoblauchzehe zufügen, vorsichtig salzen und so lange weiter sautieren, bis die Pilze eine Farbe wie Honig annehmen. 2–3 EL Crème fraîche zufügen, mit frisch gemahlenem weissem Pfeffer würzen, mit ein paar Tropfen Zitronensaft aromatisieren, die Knoblauchzehe entfernen, geschnittene flache Petersilie unter die Pilze mischen und auf knusprig getoastetem Brot anrichten.

Bitte mähr Rettich

Es gibt solche und solche Nachschlagewerke. Die einen gehen davon aus, die historische Entwicklung des Begriffes Meerrettich sei mit dem Wort «Mähre» (für Pferd) in Zusammenhang zu bringen, was sich aus der englischen Bezeichnung «horseradish» erkläre. Andere meinen, die Wurzel müsse in fremder Erde gewachsen sein und habe erst die Meere überqueren müssen, um schliesslich als Meerrettich bei uns anzukommen. Und ein drittes Nachschlagewerk erklärt das Wort etwas nüchterner und glaubt, es weise auf nichts anderes als auf die Grösse der Wurzel hin, was dann mehr Rettich bedeute. Aha! Wo aber wird der Ursprung dieser Pflanze vermutet? Die einen sehen ihn in Russland, andere im Orient und wieder andere vermuten die Heimat der *armoracia rusticana* in Südostasien. Wie dem auch sei; unbestritten sind die kulinarischen Qualitäten des Meerrettichs. Sein schneeweisses Fleisch mit dem zwar herben, doch sehr aparten Geschmack schafft es immer wieder, den Gaumen auf angenehme Weise zu überraschen. Nie aber ist der Meerrettich so aktuell wie in diesen Tagen, und dies nicht nur, weil es seine beste Jahreszeit ist, sondern auch, weil er auf der Bühne der Tafelfreuden einen reizvollen Part spielen kann.

«Ich hoffe, Sie werden nicht die Grausamkeit haben, mich allein essen zu lassen ...» Nichts könnte Casanova eindrücklicher skizzieren als seine Bange, in irgendeiner Lebenssituation allein gelassen zu werden. Doch man braucht weder Abenteurer noch Liebhaber zu sein, um zu wissen, dass ein Essen in Gesellschaft zum Schönsten gehört, was uns geschehen kann. Das Bedürfnis allerdings, uns mit liebenswerten Menschen an einen Tisch zu setzen und sie ein bisschen mehr als sonst zu verwöhnen, ist selten so präsent wie gerade in dieser stimmungsvollen Zeit. Doch selbst die leidenschaftlichste Kochseele sinniert darüber nach, auf welche Weise geniesserische Zungen beschenkt werden könnten, ohne sich gleich mit zu verschenken! Denn je nach Gästeschar kann ein Weihnachtsessen ganz schön strapaziös sein, ausser man misst dem Fest eine andere Bedeutung als jene kulinarischer Glanzlichter zu, oder man ist Lebenskünstler, lehnt sich mit Gelassenheit zurück und fühlt sich allein schon mit allerfeinstem Räucherlachs, frischgebackenem Brot (oder Schalenkartoffeln) und Meerrettichrahm rundum glücklich. Ein wenig anders verhält es sich mit dem Rezept auf der folgenden Seite. Zwar haben Räucherlachs und Meerrettich auch dort ihren Auftritt, doch auf welch einer Bühne! Zart ist sie und zerbrechlich, gerade nur so stabil gebaut, dass sie die erstaunliche Ausstattung so lange zu tragen vermag, bis sie im Raum lukullischer Freuden dahinschmilzt. Ich wünschte, Sie könnten sie sehen und gerade in diesen Lichtertagen geniessen wollen!

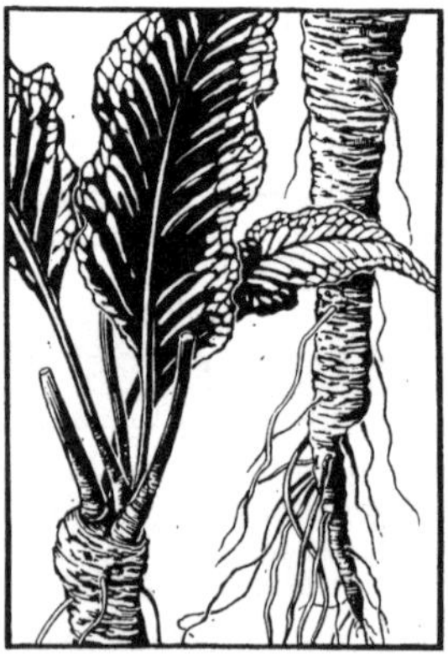

Millefeuille mit Räucherlachs

200 g Butter-Blätterteig zu einem Band von etwa 5x30 cm ausrollen, auf ein bebuttertes Backblech legen und kalt stellen. Den Ofen auf 210 °C vorheizen, das Teigband zu goldener Farbe backen und noch warm mit einem Sägemesser horizontal in einen Boden und einen Deckel schneiden. Allfällig ungebackene Lagen auslösen und die Teigbänder auf einem Kuchengitter auskühlen lassen. 1 dl Rahm in einer kalten Schüssel steif schlagen. 100 g Räucherlachs von allerbester Qualität in allerfeinste Würfelchen schneiden. Von einem frischen Meerrettich die Menge von ungefähr 1 EL reiben, was am besten auf einer Bircherraffel geschieht. Die Lachswürfelchen, den Meerrettich sowie fein geschnittene Dillspitzen mit einem Spachtel behutsam unter den Rahm heben, den Sie vorsichtig mit Salz, frisch gemahlenem weissem Pfeffer sowie einem Hauch Cayenne würzen und mit ein paar Tropfen Zitronensaft aromatisieren. Den Rahm mit einem Spachtel etwa 3–5 cm hoch auf dem Blätterteigboden verteilen, den Deckel aufsetzen, mit dem Sägemesser in sechs Portionen schneiden, auf kalte Teller setzen und mit einem Dillsträusschen garnieren.

Macho der Spitzenklasse

Wo der Begriff «machismo» (für Männlichkeit) grosses Ansehen geniesst, scheint es geradezu selbstverständlich, das Charakterbild der männlichen Dominanz und Stärke auch auf Dinge des Alltags zu übertragen, Hauptsache, die männliche Überlegenheit zeichne sich durch besonders hohe Qualität aus. Wie gut, zu wissen, dass der Terminus «machismo» in unserer Sprache nicht existiert und wir folgerichtig den «café macho» für die Hausspezialität einer spanischen Weinschenke und nicht für den Göttertrank aus männlichen Kaffeebohnen halten! Auf Lateinamerikas Plantagen ist das anders. Um nämlich einen Kaffee der absoluten Spitzenklasse mit der Qualitätsbezeichnung «café macho» zu gewinnen, werden dort männliche Kaffeebohnen von «gewöhnlichen weiblichen» getrennt. Männliche Kaffeebohnen! Ich frage mich, wo bloss der kleine Unterschied zur «gewöhnlichen weiblichen» Bohne liegt! Oder handelt es sich vielleicht nur um ein Märchen?

Wer die Antwort finden will, darf die Reise durch die faszinierende Kaffeegeschichte nicht unterbrechen, schon deshalb nicht, weil die Suche nach der ultimativen Wahrheit gleichzeitig zu einem grossen Lesevergnügen wird. Es tut sich dabei nämlich eine Welt unvermuteter Naturschönheiten auf, und man gewinnt Erkenntnisse, die den – zuweilen doch etwas gedankenlosen – Genuss des dunkelbraunen Nektars zweifellos erhöhen werden. Wussten Sie zum Beispiel, dass die Blütezeit des Kaffeebaums nicht, wie bei den Bäumen in unseren Breitengraden, von den ansteigenden, frühlingshaften Temperaturen, sondern allein vom Regen abhängt und es geschehen kann, dass er in einem Jahr zehnmal blüht, nur weil es in diesem einen Jahr zehnmal geregnet hat? Können Sie sich den Duft seiner weissen Blüten vorstellen, der an Jasmin erinnert und eigentlich nie so ganz abklingt, weil sich der anmutige Baum mit seinen immergrünen Blättern durch eine besondere Eigenschaft auszeichnet?

Ich will Ihnen erzählen, was ich auf meiner imaginären Reise darüber gelernt habe: Nach Abfallen der Blüten bilden sich zunächst langsam und gemächlich grüne Beeren, die schliesslich während ungefähr sechs Monaten zu roten Kirschen heranwachsen. Während dieser Reifezeit öffnen sich neue Blüten, bilden sich neue grüne Beeren, wachsen neue rote Kirschen heran, so dass ein einziger Zweig die ganze Spanne des Wachstums gleichzeitig tragen kann. Weiter habe ich gelernt, dass die Qualität des Kaffees unter anderem von verschiedenen Pflückmethoden abhängt. Nach der Stripping-Methode werden die reifen Kaffeekirschen von den Zweigen gestreift, mit dem Nachteil, dass auch unreife, grüne Beeren in die Körbe fallen, wogegen nach dem aufwendigen Picking-System zur Gewinnung eines besonders kostbaren Kaffees die roten Kirschen von Hand gepflückt werden müssen. Sind diese Kirschen von ihrem Fruchtfleisch befreit, zeigen sie zwei flache, eng aneinanderliegende, oval geformte Bohnen. Nun soll es aber im Land des schwarzen Goldes auch Kirschen mit einer einzigen runden Bohne geben. «Caracolito» – die männliche Bohne! Welch ein üppiges, glückliches Land, das den «Café macho» kennt!

Mein «Café macho»

Pro Person ½ dl Vollrahm halbsteif schlagen, das heisst, nur so lange, dass er immer noch fliesst. Eine schlanke, hohe Tasse (sog. Mug) mit heissem Wasser vorwärmen. Danach 1–2 TL braunen Zucker in die Tasse geben, mit 1 dl starkem Kaffee auffüllen, kurz umrühren, je nach Trinkfestigkeit 1 bis 2 EL Jamaica Rum (oder Irish Whiskey) zufügen und dann wie folgt vorgehen: Einen Esslöffel mit der Rundung nach oben so über die Tasse halten, dass zwischen Tassenrand und Löffelspitze ein schmaler Spalt bleibt. Durch diesen Spalt lassen Sie nun den Rahm sehr behutsam über die Löffelrundung auf den Kaffee – und nicht in den Kaffee – fliessen. Das ist die Kunst der Zubereitung; die Kunst, meinen «Café macho» richtig zu geniessen, liegt in Ihrer Fertigkeit, das höchst aromatische Getränk durch den Rahm in den Mund zu ziehen – ohne dabei auf die Idee zu kommen, dazu ein Röhrchen zu verwenden!

Das barfüssige Behagen

Sobald er seinen dicken Mantel öffnet und uns in sein Innerstes schauen lässt, ist es um unsere Sinne geschehen. Mit seiner blättrigen Struktur, seiner Farbe wie Bernstein und seinem feinen, nussartigen Aroma beflügelt er die Phantasie der Menschen, macht sie zu Träumern und zu leidenschaftlichen Liebhabern. Dabei handelt es sich nur um einen Käse, doch um was für einen Käse! Er ist einer, der alle feinen Nasen und alle noch so rational denkenden Zeitgenossen schon immer verzaubert hat – es damals tat und heute noch tut: der echte Parmigiano. «Damals» meint die Zeit des Dichters und Humanisten Giovanni Boccaccio (1313–1375), und «heute» meint den Augenblick, sich in die Novellen seines «Decamerone» zu vertiefen und Dinge zu lesen, bei denen man sich fragen muss, ob die Sinne den Zustand – ohne Schaden zu nehmen – überhaupt aushalten würden, wollte man ihn wirklich erfahren! Denn dort steht geschrieben:

«Es war einmal ein hoher Berg, der nur aus frisch geriebenem, duftendem Parmesan bestand. Darauf waren Leute den ganzen Tag emsig beschäftigt, Nudeln und Ravioli herzustellen.» Man stelle sich dieses unglaublich lustvolle Behagen vor, inmitten von Nudeln und Ravioli – möglicherweise gar barfüssig – auf einem Berg von frisch geriebenem Parmigiano zu stehen, seine feine Körnigkeit zu spüren und seinen Duft einzuatmen! Ob damit vielleicht das Elysium – nicht jenes im griechisch mystischen, sondern das im italienisch heiteren Sinne – erreicht werden könnte?

Woran liegt es, dass wir uns liebend gern von solchen Träumen umarmen lassen? Entstehen vor unserem geistigen Auge alleine schon deshalb Bilder von grosser Schönheit, weil uns wohlklingende Namen wie Parmigiano-Reggiano gefallen? Oder liegt es doch an der Erinnerung an eine Landschaft, in der wir entdeckten durften, dass dort die einfachsten Produkte wie selbstverständlich zu höchsten Gaumenfreuden werden? Das würde bedeuten, dass wir gelernt haben, das Echte vom Unechten zu unterscheiden und unsere Ansprüche auf die Wahrheit der Dinge zu reduzieren. Und eine solche Wahrheit liegt vor allem auch im Parmigiano-Reggiano. Was wäre ein Risotto, was wären Pappardelle, Ravioli und alle anderen schönen italienischen Gerichte ohne das Vergnügen, mit dem wundervollen Käse verschwenderisch umzugehen! Wie phantasievoll andererseits kann ein Abend mit piemontesischem Wein und Brot aus dem eigenen Ofen sein, wenn auf einem Teller zerbröckelter Parmigiano liegt, den wir behutsam mit altem Balsamico beträufeln!

Wo aber kommt er überhaupt her, der so viel Gerühmte? Erstmals im 13. Jahrhundert erwähnt, hat der Parmesan seine Urheimat in einem Tal, das zwischen Parma und Reggio liegt. Heute hat er sein Zuhause in Provinzen, deren rund tausend Käsereien im «Consorzio del Formaggio Parmigiano-Reggiano» zusammengeschlossen sind und für die Qualität jener Milch garantieren, aus der alleine die grossen, runden Laibe mit dem blauen Siegel hergestellt werden dürfen – zu Ihrer und meiner Freude an der Wahrheit der Dinge!

Soufflé au Parmesan

Eine hohe Souffléform von etwa ¾ Liter Inhalt gut ausbuttern, mit wenig fein geriebenem Parmesankäse ausstreuen und an die Kälte stellen. Den Backofen auf 190 °C vorheizen. 2 Eigelb und 100 g Quark mit dem Schneebesen zu einer Crème schlagen, vorsichtig mit Salz, frisch geriebener Muskatnuss und einem Hauch Cayenne würzen. 50 g fein geriebenen Parmesankäse sowie einen Teelöffel Maizena untermischen. 2 Eiweiss in einer kleinen, absolut fettfreien Schüssel unter Zufügen einer Prise Salz oder ein paar Tropfen Zitronensaft steif schlagen, behutsam unter die Eier-Käse-Mischung heben, in die Form füllen und während ungefähr 15 Minuten in der Mitte des Backofens backen. Begleitet von einem Salat, ist das Soufflé ein prächtiges Essen für zwei prächtige Leute.

Die lange Tante

Eine Tante hat Neffen und Nichten (denen sie meist alt erscheint), ist die Schwester von Vater oder Mutter, kann kurz oder lang, dick oder dünn sein. Die Tante, um die es hier geht, ist eigentlich gar keine Tante; denn sie ist, weil sie männlichen Geschlechts ist, korrekterweise ein Onkel. Ein Oheim sozusagen.

Doch in seiner ganzen Erscheinung – sowohl im Frühling und Sommer als auch im Herbst und Winter in Weiss bis Zart- und Dunkelgrün gekleidet – hat er etwas so weiblich Erfrischendes an sich, dass es schwerfällt, ihn die dynamisch männliche Rolle spielen zu lassen. Vielleicht ist er aber auch keines von beidem. Denn von der Gattung her ist, was sich schlank und lang gewachsen zeigt, ein Liliengewächs, somit sächlichen Geschlechts, nennt sich Lauch und gehört der wohlduftenden Familie *allium* an.

Wie in allen biologischen Verwandtschaftssystemen kennt auch das botanische System eine natürliche Ordnung. Dass nun der Gartenlauch *(allium porrum)* die Tante oder der Onkel des Knoblauchs *(allium sativum)*, der Zwiebel *(allium cepa)* und des Schnittlauchs *(allium schoenoprasum)* – oder gar der Urvater – ist und dass er in der uns bekannten Form seit Anbeginn unserer Geschichte existiert, kann kein Nachschlagewerk bestätigen.

Alles, was man erfährt, ist, dass als mögliche Vorfahrin am ehesten die noch heute anzutreffende Wildform *(allium ampeloprasum)* in Frage kommt. Unstreitig scheint nur, dass der Lauch eine der ältesten Kulturpflanzen ist, der schon immer unterschiedlichste Wirkungen zugeschrieben wurden. So soll dieses Zwiebelgemüse in der Bronzezeit nicht nur als Nahrung, sondern auch als Mittel gegen das Ergrauen der Haare gedient haben. Hippokrates wiederum soll gelehrt haben, der Genuss von Lauch lasse das Nasenbluten versiegen, während Aristoteles überzeugt gewesen sein soll, die schrillen Stimmen der Pfauen hätten etwas mit ihrer Vorliebe für dieses Gemüse zu tun. Ob Kaiser Nero vielleicht deshalb zur Pflege seiner Stimmgewalt täglich Lauchsuppe gegessen hat? Immerhin soll ihm diese Angewohnheit den Spitznamen «Porrophagus» eingetragen haben.

Kaum ein anderes Gemüse hat eine so faszinierende Geschichte wie der Lauch. Schade eigentlich, dass man so wenig von ihm hält! Denn ob als Suppe zubereitet oder in Butter gedünstet, ob in Rahm gekocht oder als deftiges Gericht mit einer Saucisson aufgetischt oder in Salzwasser blanchiert und noch lauwarm an einer Honig-Vinaigrette serviert – Lauch schmeckt in jeder Zubereitungsart und zu jeder Jahreszeit ausserordentlich köstlich. Das Gemüse abwertend als «Spargel des armen Mannes» zu bezeichnen, kann deshalb nur jenen leicht über die Zunge gehen, die noch nie erfahren haben, wie reich beschenkt man mit einem Lauchgemüse sein kann. Das nachfolgende Rezept jedenfalls beweist, dass es sich durchaus lohnt, gelegentlich ein «armer Mann» zu sein.

Lauch auf Kartoffelsauce

Von zwei schönen Lauchstangen die äusseren Blätter sowie die dunkelgrünen Teile abtrennen, in ca. 10–12 cm lange Stücke schneiden, in viel kaltem Wasser säubern und in kochendem Salzwasser so lange blanchieren, bis sie gar sind. Danach auf ein Küchentuch heben und gut abtropfen lassen. In der Zwischenzeit eine kleine geschälte Kartoffel (ca. 80 g) in feine Scheiben schneiden und in wenig Geflügelfond (oder in Bouillon) weich kochen, anschliessend unter Zufügen von ungefähr 2 dl Fond (oder Bouillon) sehr fein pürieren. Die Sauce vorsichtig mit Salz, einem Hauch Cayenne und einer Spur Curry würzen, mit 2 EL Crème fraîche verfeinern und gezupfte Majoranblättchen einstreuen. Den Lauch in eine bebutterte Gratinform schichten, mit Parmesan bestreuen und Butterflocken belegen, mit der Kartoffelsauce umgiessen und im Backofen unter den heissen Grillstäben golden gratinieren.

Geheimnisvolle Königin

Seit über 4000 Jahren an den Ufern des Ganges kultiviert, ist die Mangofrucht sowohl für die Buddhisten als auch für die Hindus von religiöser Bedeutung. Von Millionen Menschen verehrt, wurde sie in Stein verewigt und von Dichtern besungen. Es wird ihr nachgesagt, sie sei von geheimnisvoller Schönheit, mit einer Haut so edel wie Seide und einem Fleisch so süss wie Honig. Besonders poesievoll aber zitiert Lina Wolfe im Buch «Karibische Küche» einen Jamaicaner, der sie als «eine köstliche, nahrhafte Delikatesse in Form einer Brust» beschreibt, «an der sich erwachsene Männer in der Öffentlichkeit laben dürfen. Es ist Gottes Art, jeden Mann seine Mutter vergessen zu lassen.» Fast könnte man glauben, die süsseste, saftigste, vollendetste aller exotischen Früchte existiere mit ihren Eigenschaften nur deshalb in dieser Vollkommenheit, um die geplagten Menschen mit der erbarmungslosen Hitze eines subtropischen Sommers zu versöhnen.

Die Verbreitung des majestätischen Mangobaums, in dessen Schatten schon Buddha Ruhe gesucht haben soll, hat sich auf grossen Umwegen vollzogen. Von Indien aus wurde die Pflanze zunächst – vermutlich von Piraten oder Missionaren – auf verschiedene südasiatische Inseln getragen, bevor sie zu Beginn des 16. Jahrhunderts von Goa nach Ostafrika und später nach Westafrika gebracht wurde, bis die Samenkerne schliesslich ihren Weg nach Brasilien fanden. Auch wenn die Mangofrüchte, die wie bunte Weihnachtskugeln in den immergrünen Bäumen hängen und heute in fast allen tropischen Ländern, vor allem in Südamerika, inzwischen aber auch in Australien kultiviert werden, ist Indien noch immer das Exportland Nummer eins.

Die Mango vereinigt so viele Anklänge an andere Früchte in sich, dass es schwierig ist, ihr Aroma zu beschreiben. Wonach schmeckt sie? Nach einer Kreuzung zwischen einer Aprikose und einer Birne – oder möglicherweise doch eher nach einem Zwischending von Ananas und Melone? Oder ist das Aroma gar ein Dreiklang aus Pfirsich, Melone und Banane? Wie dem auch sei, die Mango ist in ihrer facettenreichen Art so einmalig, dass sie sich nur schwer an anderen Früchten messen lässt. Gewiss ist nur, dass sie uns an kalten Wintertagen von Sonne und Wärme träumen lässt und in einer kargen Zeit unseren Körper mit wertvollen Vitaminen versorgt. Ob ausgelöffelt oder ausgelutscht – wie dies in den Ursprungsländern üblich ist – ob unter einen fruchtigen Salat gemischt oder als Chutney zu einem Currygericht serviert, Mangofrüchte offenbaren ihr geheimnisvolles Aroma nur im reifen Zustand. Je nach Sorte tragen sie als Zeichen ihrer Reife ein Kleid in tiefstem Gelb, der heiligen Farbe der Hindus, oder einen bunten Sari, der von kleinen, dunklen Flecken überzogen ist.

Mango-Chutney

Zwei etwa 400 g schwere Mangofrüchte schälen, das Fleisch vom Stein lösen und in etwa ½ cm grosse Würfelchen schneiden. Eine Limone auf ein Fruchtbrett stellen, die Schale mit einem scharfen Messer von oben nach unten wegschneiden und darauf achten, dass auch die weissen, bitteren Häutchen abgeschnitten werden. Das Limonenfleisch sehr fein würfeln. Ein etwa 50 g schweres Stück von einer geschälten Ingwerwurzel sowie eine kleine (entkernte) Chilischote in mikrofeine Würfelchen schneiden. Alle Zutaten in einer Schüssel mischen. Je ½ dl Reisweinessig und Weisswein sowie 150 g Rohzucker zufügen, mit je 1 Msp. Nelkenpulver und Kardamom und viel frisch gemahlenem Koriander würzen und das Ganze rund 30 Minuten ziehen lassen. Zwei Gläser von ¼ Liter Inhalt mit gut verschliessbarem Deckel in kochendheisses Wasser legen. Die Mangomischung während ungefähr 10 Minuten bei grosser Hitze unter gleichzeitigem Abschöpfen des weissen Schaums zu einer Confiture kochen, in die heissen Gläser füllen und sofort verschliessen.

Poesie in der Teeschale

Bodhidharma (um 520 n. Chr.) soll in einem Gebet nach dem Sinn des Lebens gefragt und sich in Gott vertieft haben. Dabei habe sich sein Geist ermüdet, und er sei eingeschlafen. Dieses Versagen muss ihn so zornig gemacht haben, dass er sich die Barthaare raufte. Diese fielen auf fruchtbaren Boden, schlugen Wurzeln und wuchsen zu Teepflanzen heran, aus deren Blättern er ein Getränk zubereitete, das sein Gemüt erheiterte und seinen Körper mit neuen Kräften erfüllte. Als er Gott dafür dankte, wurde ihm die Erleuchtung des Geistes geschenkt.

Diese Legende führt uns nicht unbedingt zu den Wurzeln des Tees zurück – die lange vor unserer Zeitrechnung zu suchen sind – sondern mehr an den Zen-Buddhismus und an den indischen Patriarchen Bodhidharma heran, der in China noch heute als Begründer der buddhistischen Schule der Meditation gilt. Aus unserer westlichen Sicht ist es schwierig, auf Anhieb die Zusammenhänge zu verstehen, doch lehrt uns die Geschichte vom Tee, dass das eine vom anderen nicht zu trennen ist. Die Blattknospen und die jungen Blätter des Teestrauches *(camellia sinensis)* der Pflanzenwelt zuzuordnen und sie als ein Mittel für Augenblicke der Entspannung zu sehen, fällt uns leicht. Wenn es aber darum geht, die mystischen Auswirkungen des Tees auf Körper und Seele im Sinne fernöstlicher Denkentwürfe nachzuempfinden, bleiben wir an der Brücke zu einer für uns fremden Welt stehen. Wie aber können wir den Zugang finden, ohne zu wissen, dass der Tee in China ein Reich der Poesie bildete und in Japan zu einer Religion des Ästhetizismus, zum sogenannten Teeismus, erhoben wurde? Ohne zu begreifen, dass er dort Reinheit und Harmonie bedeutet und er sowohl die moralische Geometrie darstellt als auch Unsterblichkeit verheisst? Ohne zu glauben, dass er die Seele erquicken und den Willen stärken kann, und ohne zu verstehen, weshalb der Tee für eine Schale der menschlichen Freuden gehalten wird und als Symbol für alles gilt, was für die Verehrung des Unvollkommenen bezeichnend ist? Nein! Wir werden seine leise Kraft nie spüren, seine Schönheit nie sehen und das Lächeln der Philosophen nie erlangen können. Denn «was in den Gärten Gottes gedeiht, wie ein vom Zephirhauch bewegter See leuchtet, einen Duft entfaltet wie der aufsteigende Morgennebel aus einer einsamen Bergschlucht und saftig ist wie die von Tau benetzte Erde», bleibt für unsere westliche Seele eben doch nichts anderes als eine Handvoll Poesie in der Teeschale. Doch auch wenn uns die Zen-Lehre fremd ist und wir nicht wissen, dass wir uns ein Tee-Haus bauen müssten, um die Vollkommenheit im Unvollkommenen zu finden und die Zerbrechlichkeit des Flüchtigen zu spüren, sollte uns zumindest die Erkenntnis gefallen: «Nur wer mit dem Schönen gelebt hat, kann auch schön sterben.»

Teeparfait mit Dörrzwetschgen

Je 1 ¼ dl Porto und Rotwein sowie ¼ Vanillestange und 50 g Zucker aufkochen, 10 grosse Dörrzwetschgen zufügen und alles bei kleinster Hitze so lange leise köcheln lassen, bis sich die Flüssigkeit sirupartig reduziert hat und schwer vom Löffel fällt. Die Zwetschgen im Sirup erkalten lassen, danach den Stein auslösen, das Fruchtfleisch in kleine Würfel schneiden und zurück in den Sirup legen. Für das Parfait ½ dl Wasser aufkochen, 3 TL feinsten Schwarztee zufügen und zugedeckt neben dem Herd ungefähr zehn Minuten ziehen lassen. In der Zwischenzeit 1 ¼ dl Rahm steif schlagen. 2 Eigelb und 50 g Zucker mit dem Schneebesen zu einer Crème schlagen, das Teekonzentrat durch ein feines Drahtsieb hinzufügen und den Rahm sorgfältig unterheben. In eine Terrinenform von etwa 2 ½ dl Inhalt (oder individuelle Förmchen) füllen und während mindestens 6 Stunden ins Tiefkühlfach stellen. Vor dem Servieren die Form (oder die Förmchen) kurz in heisses Wasser stellen, damit sich das Parfait besser auf ein Schneidebrett stürzen lässt. Das Parfait in Scheiben schneiden, auf kalte Teller legen, mit dem Zwetschgenragout umgiessen und mit Doppelrahm servieren.

Abgeklärt und ausgelassen

Schon am Hof von Gaius Julius Cäsar habe man verstanden, Gerichte mit Butter zu verfeinern, und auch der römische Schriftsteller Plinius notierte vor mehr als 2000 Jahren, Butter sei eine exquisite Speise, die den Reichtum eines Volkes auszeichne. In der Normandie wird erzählt, Eva habe aus dem Paradies einen Calvadosapfel entführt und seine Kerne in normannische Erde gesteckt. Seitdem würden die Kühe nicht nur Gras, sondern auch Calvadosäpfel wiederkäuen, was den «beurre cru» so einmalig mache. Eine wichtige Rolle begann die Butter im 17. und 18. Jahrhundert zu spielen, als Köche wie Béchamel, Vatel und Varenne oder Gourmets wie Grimod III. de la Reynière das bedeutsamste Blatt in Frankreichs Kochgeschichte schrieben. Seit jener Zeit haben sich alle grossen Köche vorbehaltlos zur Butter bekannt, und selbst «La Bande de Bocuse», die sich in den sechziger Jahren aufmachte, die Küche zu erneuern, hat nie aufgehört, an die Worte ihres grossen Lehrmeisters Fernand Point zu glauben: «Du beurre! Donnez-moi du beurre! Toujours du beurre!»

Es wäre auch nicht klug, auf eine der wertvollsten Gaben der Natur zu verzichten, verleiht doch gerade Butter auch dem bescheidensten Gericht viel Wohlgeschmack. Ob süss oder gesalzen, ob nach Vollrahm oder Sauerrahm duftend – Butter, massvoll eingesetzt, kann Kochen zum grossen Vergnügen machen. Sie ist ja auch ein so wunderbar gefügiges Ding: sie lässt sich auf knuspriges Brot streichen oder mit Kräutern und Gewürzen aromatisieren; sie eignet sich zum Überschmelzen von Teigwaren, zum Dünsten von Gemüse, und sie bindet feine Saucen zur richtigen Konsistenz; mit ihr lässt sich brutzeln und den Duft von Haselnüssen einatmen, und kommt sie in einem Blätterteig daher, zieht sie einen vollends unter das kulinarische Himmelsdach.

Doch lässt sich mit Butter auch braten? Ja, sofern sie durch einen Anteil Öl «gestützt» oder geklärt wird. Denn Butter enthält nebst Fett und anderen Inhalten auch Milcheiweiss und Milchzucker, zwei Bestandteile, die bei zu starkem Erhitzen verbrennen. Wird zum Braten die Butter mit Öl vermischt, ist die Gefahr des Verbrennens weniger gross, weil das Öl der Butter «Halt» gibt. Soll aber der reine Buttergeschmack erhalten bleiben, muss die Butter geklärt werden. Am Beispiel von ungefähr 200 Gramm Butter zeigt sich das Vorgehen dem aufmerksamen Beobachter etwa so: Erst döst die Butter beim langsamen Erwärmen im Topf still vor sich hin, so, als träumte sie, bis sie sich gemächlich auszubreiten beginnt, um unvermittelt so heftig aufzuschäumen, als wollte sie in Zorn geraten. Es sind die beiden Inhalte Milcheiweiss und Milchzucker, die sich zu weissen Schaumwolken formieren und abgeschöpft werden müssen, was am besten mit einem kleinen Schöpflöffel geschieht. Die Butter wird sich danach wieder beruhigen und in einen See aus purem Gold verwandeln, der allerdings, wie die meisten Seen, ein tückisches Geheimnis birgt! Auf seinem Grund haben sich nämlich auch Substanzen versammelt, die beim Braten verbrennen können. Deshalb muss der klare Buttersee so behutsam in ein Gefäss umgefüllt werden, dass die weissen Rückstände nicht aufgewirbelt werden.

Butter-Rösti

Für 2 Personen 400 g gekochte (vom Vortag) und geschälte Kartoffeln auf der Röstiraffel in die typischen Blättchen raffeln. 1 EL geklärte Butter in einer möglichst weiten Bratpfanne behutsam erhitzen, die Kartoffeln zufügen, mit dem Rücken einer Bratschaufel, ohne Druck auszuüben, etwas flach drücken und vom Rand her zu einem Kuchen formen, vorsichtig mit Salz bestreuen, grosszügig mit Butterflocken belegen und bei mittlerer Hitze so lange backen, bis sich eine goldene Kruste bildet. Den Kartoffelkuchen auf einen Teller und von dort, mit der knusprigen Seite nach oben, zurück in die Pfanne gleiten und auch die zweite Seite gemächlich golden werden lassen

Die Freiheit, zu weinen

«Teures Weib, gebiete deinen Tränen!» Wie konnte Friedrich von Schiller, für den der Mensch die Fähigkeit besass, die metaphysische Freiheit auch um den Preis des Lebens zu verteidigen, in einem seiner Gedichte zulassen, dass die männliche Figur dem weiblichen Geschöpf das Recht abspricht, zu weinen! Man stelle sich vor, das «Teure Weib» habe nichts anderes als nur die liebevolle Absicht gehabt, seinen Herrn mit einer Zwiebelsuppe oder einem Zwiebelkuchen zu verwöhnen – wie hätte es da der Gebieter schaffen wollen, den Tränen ausgerechnet beim Schneiden von Zwiebeln Einhalt zu gebieten! Nur: Wie hätte ein «Teures Weib» im 18. Jahrhundert es wagen wollen, seinem Gebieter den Gehorsam zu verweigern, wo es noch nicht einmal die Freiheit hatte, zu weinen! Also schnitt es auch keine Zwiebeln, kochte keine Suppe und buk keinen Kuchen. Da hätte doch eigentlich der Gebieter schon damals einen vorbildhaften Charakter haben und die Erkenntnis gewinnen müssen, dass den Frauen allein schon aus Gründen der Gaumenfreuden ein gewisses Mass an Freiheit zustehen würde …

Den Tränen beim Schneiden von Zwiebeln Einhalt zu gebieten, ist deshalb aussichtslos, weil sie reflexartig entstehen. Denn gerade Zwiebeln mit ihren reichlich vorhandenen schwefeligen und ätherischen Ölen tun genau das, was die Tränen auslösen: sie reizen die Nerven der Tränendrüse. Allerdings gibt es in der grossen Familie dieses Liliengewächses mit ihren anregenden Inhalten auch Unterschiede auszumachen. Denn so wie sich die Sorten in ihren mannigfaltigen Formen, Grössen und Farben voneinander abheben, so nuanciert zeigen sich die verschiedenen Vertreterinnen auch in ihrem Aroma, was sich aber nicht nur auf die Intensität der Tränen auswirkt, sondern vor allem der feinen Zunge dient. Dies erklärt, weshalb die Zwiebel trotz ihren mehr oder weniger gehaltvollen Substanzen und umstrittenen Eigenschaften so geliebt wird. Ein echter Liebhaber jedenfalls lässt sich durch nichts vom Genuss dieses feinen Gemüses abhalten – es sei denn, er werde zum Nachdenken angeregt. Das kann dann geschehen, wenn er zum Beispiel in der Kulturgeschichte liest, es handle sich bei den Zwiebeln um ein so grobes und blähendes Gemüse, dass vor allem Melancholiker und Choleriker sowie Frauen mit hysterischen Anwandlungen unbedingt davon lassen sollten. Andere Quellen berichten, Leute von Rang und Namen würden grundsätzlich keine Zwiebeln essen, sondern diese abscheuliche Zutat den Bauern und Seeleuten überlassen. Welch' ein Glück – wird sich der Zwiebelliebhaber sagen – der letzteren Menschengattung anzugehören!

Welche Erfahrungen Sie auch immer mit Zwiebeln machen – ob Sie die Freiheit besitzen, zu weinen, wenn Ihnen danach ist, oder ob sie leicht hysterisch, cholerisch, melancholisch oder gar von Rang und Namen sind – seien Sie unbesorgt: Ein paar duftende Zwiebelstreifen auf einem feinen Kuchenteig schaden höchstens den wirklich kranken Menschen.

Quiche aux oignons

200 g Kuchen- oder Butterblätterteig etwa 3 mm dick ausrollen, auf ein bebuttertes Backblech von ungefähr 20 cm Durchmesser legen, mit einer Gabel dicht einstechen und anschliessend kalt stellen. 2 Zwiebeln (ca. 200 g) vierteln und in feine Streifen schneiden, in 1 EL Butter langsam honigfarben dünsten, vorsichtig mit Salz und einer Spur frisch gemahlenem weissem Pfeffer würzen und anschliessend zum Entfetten und Auskühlen auf saugfähigem Küchenpapier ausbreiten. Etwa 40 g Frühstücksspeck in feine Julienne schneiden, im eigenen Fett knusprig braten und zu den Zwiebeln geben. 2 ganze Eier, 1½ dl Rahm, 1 dl Milch, 2 EL Quark sowie 1 TL Maizena zu einer glatten Masse rühren, mit Salz, einem Hauch Cayenne und einer Spur Muskatnuss würzen. Den Backofen auf 200 °C vorheizen. Speck- und Zwiebelstreifchen auf dem Kuchenboden verteilen, mit der Quichemasse auffüllen und auf der untersten Rille während ungefähr 25–30 Minuten backen, wobei bei halber Backzeit die Oberhitze auszuschalten ist. Vor dem Aufschneiden die Quiche etwa 5 Minuten ruhen lassen. Eine Quiche eignet sich sowohl für ein Aperitifhäppchen als auch für ein einfaches, aber überaus köstliches Essen, zumal wenn sie noch von einem Salat begleitet wird.

Der blaublütige Fakir

Nein! Blaublütig ist er normalerweise nicht, der Bettelmann muslimischen oder hinduistischen Glaubens, ganz abgesehen davon, dass Blaublütige nie und nimmer heimat- und besitzlos durch die Lande ziehen würden, selten ein asketisches Dasein fristen und auch nicht möchten, dass ihre Lebensform mit Vagabunden oder Gauklern verglichen wird. Das eine oder das andere soll aber ein Fakir – nach unserem Verständnis zumindest – sein. Auch wenn er ursprünglich Mitglied eines religiösen Ordens ist, wird er eben doch gern als Jahrmarktskünstler gesehen, der allzu Leichtgläubige an wundersame Zauberkräfte glauben lässt. Und doch gibt es ihn, den edlen Gaukler, in dessen Adern zwar nicht blaues Blut fliesst, sich darin aber dennoch ehrenwerte blaue Dinge tun. Allerdings braucht sich mein Fakir für sein besonderes Wohlbefinden nicht auf ein ungemütliches, spitzes Nagelbett zu legen, denn er ist zeitgemäss und lässt sich die Nadelstiche von einer hochentwickelten Pikiermaschine zufügen. Es sind sehr gezielte Einstiche, die sein weisser Laib zu erdulden hat, doch er lässt es geschehen, um in reifem Zustand so manchen Feinschmecker zu entzücken. Die Rede ist vom Roquefort, einer der ältesten Käsesorten überhaupt.

Die Produktion des Königs unter den Schimmelpilzkäsen ist faszinierend. Die Milch wird von Schafen geliefert, die in der Gegend um Roquefort-sur-Soulzon im Département Aveyron weiden. Die geronnene Schafsmilch wird mit dem Schimmelpilz *penicillium roqueforti* durchsetzt und danach in spezielle Formen gefüllt. Nirgendwo sonst soll sich dieser Schimmelpilz geschmackvoller entwickeln können als in den Kalksteinhöhlen des Cambalou bei Roquefort, in denen ideale Bedingungen herrschen: konstante Temperaturen, eine hohe Luftfeuchtigkeit und jene feinen Spalten, die sogenannten Fleurines, durch die ein ständiger Luftstrom in die Grotten streicht und für das optimale Wachstum der Penicillin-Kulturen sorgt. Damit aber der für das Wachstum der Penicillin-Kulturen so wichtige Sauerstoff in den Käse eindringen kann, müssen die Laibe pikiert werden. Durch die zahlreichen Nadelstiche entstehen Kanäle, die sich im gereiften Käse schliesslich als tiefblaue Äderchen zeigen. Doch bevor er zum Blaublüter von wundervoll würzigem Aroma wird, muss sein Laib während drei bis vier Monaten im eigentlichen Reifungskeller liebevoll gehegt und gepflegt werden.

Roquefortkäse lässt sich vielfältig verwenden: Sie können zum Beispiel einen Blattsalat mit Roquefortkrümeln bestreuen, eine Weissweinsauce mit Roquefort aromatisieren, eine Geflügelbrust mit Blattspinat und Roquefort füllen, in geriebenem Briochebrot wenden und in Butter golden bräunen oder den Käse mit Petit Suisse und Crème fraîche zu einer glatten Crème verarbeiten und zu rohem Gemüse servieren. Sie können aber auch am Beispiel der Truffes au Roquefort süsse Illusionen wecken.

Truffes au Roquefort

Für etwa 16 Trüffel: 100 g Roquefortkäse mit der Gabel zerdrücken, danach 50 g weiche Butter untermischen, vorsichtig mit ein paar Tropfen feinstem Cognac (oder Armagnac) aromatisieren und mit frisch gemahlenem weissem Pfeffer sowie einem Hauch Cayenne würzen. Die Käse-Butter-Mischung im Kühlschrank etwas fest werden lassen. In der Zwischenzeit 2–3 Scheiben Pumpernickel mit einem Messer sehr fein hacken. Aus der inzwischen etwas fester gewordenen Roquefort-Butter-Masse baumnussgrosse Bällchen formen und so lange in den Brotkrümeln drehen, bis sie den feinsten Schokoladentruffes täuschend ähnlich sind. Die Roquefort-Truffes bis zum Gebrauch kalt stellen und entweder zum Apéritif oder als Käsegang, begleitet von aufgeschnittenen Birnen, servieren.

Wenn die Russen kommen

Meist trete sie epidemisch in wechselnden Gebieten auf, verbreite sich unter anderem durch Tröpfcheninfektion, die Inkubationszeit betrage ungefähr drei Tage, und Bettruhe sei wichtig, um Kreislauf- und anderen Komplikationen vorzubeugen. Die Rede ist von der Grippe, auch Influenza, und in ihrer gegenwärtigen Form die «Russische» genannt. Und ich sitze am Schreibtisch, mit der Brille auf der verschnupften Nase, mit tanzenden Bienen im Kopf, dem Thema Zitronen vor Augen, und nichts beschäftigt mich dabei mehr als die Frage, wie die russischen Aggressoren erfolgreich in die Flucht geschlagen werden könnten.

Etwa mit Zitronen? Im bildhaften Sinne als Wurfgeschoss gedacht? Mitnichten! Die Angreifer sind so klein, dass ihnen gut beizukommen ist, sofern der Mechanismus der Vermehrung noch nicht im Gange ist. Oft genügt da schon das einfachste Hausmittelchen, das zum Beispiel aus Zitronensaft, heissem Wasser und Honig bestehen kann, doch – wie die meisten Medikamente – von einer harmlosen Nebenerscheinung begleitet wird: Sobald nämlich die Geschmacksknospen mit Zitronensäure Kontakt haben, zieht sich der Mund so sehr in die Breite, dass man glauben könnte, ein Breitmaulfrosch zu sein.

Doch mag mein influenza- und schreibgeschwächter Geist noch so sehr für den heilsamen Einfluss der Zitrone auf erste Symptome plädieren, erkannt wurde die günstige Wirkung der an Vitamin C reichen Frucht auf verschiedenste Krankheiten von viel klügeren Leuten schon viel früher. So soll beispielsweise die englische Admiralität bereits im 18. Jahrhundert ihren Seeleuten den Verzehr von mindestens zwei Zitronen pro Tag verordnet haben, um so der gefährlichen Seemannskrankheit Skorbut – eine Folge von Mangel an frischem Gemüse und

Obst auf See – Einhalt zu gebieten. Allerdings sind der guten Eigenschaften von Zitronen noch viel mehr. Was wäre allein unsere Welt der Sinne ohne ihr Aroma, ohne den Duft des ätherischen Öls in ihrer Schale, ohne die Schönheit blühender Zitronenbäume ärmer! Was wären gewisse Saucen ohne die Frische einiger Tropfen Zitronensaft fad und flau; was wäre das feine Teegebäck unbedeutend und nichtssagend ohne den Hauch abgeriebener, wohlschmeckender Zitronenschale! Nur darf man sich nicht täuschen lassen; denn die Entdeckung synthetisch hergestellter Zitronensäure ist so eine Sache, sich mit sonnengereiften, frisch gepressten Früchten Gutes zu tun, eine ganz andere. Wenn also im Kopf Bienen tanzen und sich im Blut Viren tummeln, wie gerade in diesen kalten, grauen Wintertagen, ist es ohne Zweifel ratsamer, öfter mal die Gebrauchsanweisung der Zitronenpresse und weniger häufig den Hinweis zu lesen: «Dies ist ein Heilmittel. Lesen Sie die Packungsbeilage oder fragen Sie Ihren Arzt oder Apotheker.»

Zitronen-Törtchen

Für den Zuckerteig 70 g Puderzucker und 70 g Butter (mit den Fingerspitzen) zusammenfügen, 140 g Mehl, 1 Ei sowie 1 Msp. Vanillemark untermischen und mit einem Holzlöffel zu einem glatten Teig verarbeiten. Die Teigkugel auf einen bemehlten Teller legen, mit Klarsichtfolie verschliessen und während mindestens 6 Stunden im Kühlschrank durchkühlen lassen. 100 g Zucker, 100 g Crème fraîche und 2 kleine Eier (ca. 100 g) zu einer Crème rühren, mit 2 EL Zitronensaft sowie der abgeriebenen Schale (ohne das Weisse) von 3 unbehandelten Zitronen aromatisieren. Aus dem Teig 6 Portionen à 50 g abmessen, auf dem bemehlten Tisch etwa 3 mm dick ausrollen, in beschichtete Backförmchen von ca. 10 cm Durchmesser legen, mit Backerbsen belegen, den Teigrand hochziehen und die Törtchen bei 175 °C während ungefähr 10–12 Minuten vorbacken. Sobald das Gebäck etwas ausgekühlt ist, randvoll mit der Crème auffüllen und für weitere 15 Minuten in den Ofen schieben, jedenfalls so lange, bis sich die Crème verfestigt hat. Vor dem Servieren die ausgekühlten Törtchen mit Puderzucker bestäuben.

Dame ohne Glamour

Die Schwarzwurzel, die sich im schützenden Erdreich versteckt und deren Welt die Dunkelheit ist, hat nicht den üblichen Glamour von schwarz gekleideten Damen an sich. Im Gegenteil: Auf dem Wochenmarkt hält sie sich auf den hölzernen Verkaufstischen bescheiden zurück, und einmal entkleidet, verschwindet «die Spargel des armen Mannes» meist in der Anonymität von blechernen Dosen. Wo das köstliche Wintergemüse doch ein ganz anderes Schicksal verdiente!

In der Antike für medizinische Zwecke genutzt, dauerte es eine ganze Weile, bis die Schwarzwurzel *(scorzonera hispanica)* als Gemüse erkannt wurde. Denn erst seit dem 17. Jahrhundert wird die winterharte Pflanze mit ihren lanzettenförmigen Blättern und in ihrer walzenförmigen Gestalt – vorwiegend in Belgien, Frankreich und den Mittelmeerländern – mit Erfolg angebaut. Das unter einer korkigen Schale liegende schneeweisse Fleisch von nussartigem Geschmack enthält nicht nur wichtige Mineralstoffe und verschiedene Vitamine, sondern es ist mit seinem hohen Anteil (in einer auch für Zuckerkranke besonders günstigen Form) an Kohlehydraten ein ideales Wintergemüse.

Richtig zubereitet, hält die Schwarzwurzel, oft auch «Winterspargel» genannt, dem Vergleich mit der Königin des Frühlings jederzeit stand, zumal die Verwendungsmöglichkeiten genauso attraktiv sind wie jene von Spargeln. Denn ob als Salat (gekocht und noch lauwarm an einer Trüffel- Vinaigrette serviert), oder als Gemüse (nach dem Kochen in brutzelnder, haselnussbrauner Butter sautiert), ob mit einer Mornay-Sauce gratiniert oder in einem zarten Weinteig gebacken, ob als samtene Suppe oder würziger Eintopf zubereitet, Schwarzwurzeln sind ohne Frage eines der feinsten Wurzelgemüse – wenn sie bloss ein bisschen pflegeleichter wären! Doch ganz so arg, wie man sich dies vorstellen mag, ist die Prozedur nicht, man braucht sie bloss mit Würde zu erdulden!

Beim Vorbereiten des Gemüses gehen Sie wie folgt vor: Die Wurzeln (eventuell mit Plastic-Wegwerf-Handschuhen) unter fliessendem Wasser sauber bürsten und dann mit einem Sparschäler vom Wurzelende hin zur Wurzelspitze schälen. Weil Schwarzwurzeln Milchsaft enthalten, der schnell oxidiert und macht, dass sich das weisse Fleisch schon nach wenigen Augenblicken verfärbt, muss das geschälte und in mehr oder weniger lange Stücke geschnittene Gemüse sofort in eine Schüssel mit kaltem Wasser gelegt werden, dem zuvor der Saft einer Zitrone zugefügt wurde.

Zum sogenannten «Weisskochen» von 400 g geschältem Gemüse – gerade richtig für 4 Personen – wird 1 Liter kaltes Wasser mit ½ EL Mehl vermischt und unter ständigem Rühren aufgekocht. Danach fügen Sie 1 EL Weissweinessig und 1 TL Salz hinzu und lassen die Schwarzwurzeln so lange zugedeckt köcheln, bis eine feine Messerspitze ohne Widerstand in das Wurzelfleisch eindringt. C'est tout! Übrigens: Diese Kochmethode eignet sich auch für Artischocken.

Schwarzwurzeln an Trüffelsauce

Die schräg in etwa 2 cm lange Stücke geschnittenen Schwarzwurzeln – wie auf Seite 200 beschrieben – zugedeckt gar köcheln. In der Zwischenzeit eine schwarze Trüffel in feine Brunoise schneiden, in Butter kurz sautieren, mit ½ dl Madère ablöschen, mit 1 ½ dl Geflügel- oder Kalbsjus auffüllen, sirupartig reduzieren und mit Salz und einer Spur weissem Pfeffer würzen.

Vier mittelgrosse geschälte Kartoffeln in ungefähr 2 cm kleine Würfel schneiden, in frischem Traubenkernöl schwimmend gar und knusprig fritieren, anschliessend zum Entfetten auf Küchenpapier heben und vorsichtig salzen. Die Trüffelsauce erhitzen, die gut abgetropften Schwarzwurzeln zur Sauce fügen, auf vorgewärmten Tellern anrichten, mit den Kartoffeln umlegen und mit viel feingeschnittener Petersilie bestreuen.

Wie vom Wind getragen

Als die von Kolumbus ausgesandten Späher gegen Ende des 15. Jahrhunderts die Neue Welt zu erforschen begannen, entdeckten sie in den fruchtbaren Talebenen zwischen den Gipfeln der Sierra Madre nicht nur eine fremdartige, faszinierend schöne Kultur, sondern auch die kultivierte Heimat der Maispflanze. Unschwer, sich vorzustellen, welch bedeutsame Eroberung sie damit gemacht hatten, obschon es noch einige Zeit dauern sollte, bis der Maisanbau auch in der Alten Welt mit Erfolg betrieben werden konnte. Doch einmal in Bewegung gebracht, breitete sich das Getreide – wie vom Wind getragen – rund um die Erde aus, gedieh in Asien und Afrika genauso prächtig wie in den kühlen Hochtälern und den tropischen Ebenen Lateinamerikas.

Natürlich hat auch dieses schöne Getreidegras seine Geschichte, über Jahrtausende eng mit den indianischen Hochkulturen verwoben. Wo und wann genau sie ihren Anfang hat, ist allerdings umstritten; alle anderen Daten dieser über zwei Meter hohen Pflanze mit den langen breiten Blättern, den grossen zylindrischen Ähren und den eng aneinanderliegenden gelben Körnern sind voller Geheimnisse geblieben. Zum Beispiel scheint die Maispflanze keine wirklichen Urahnen zu haben; jedenfalls wurde bis heute kein wildwachsendes Getreidegras gefunden, das auf einen eindeutigen Ursprung hinwiese, so dass die Wissenschaft davon ausgeht, der Mais müsse auf dem Weg zufälliger Mutation entstanden sein. Geheimnisvoll bleibt auch die seltsame Eigenart dieses Getreides, sich ohne menschliche Hilfe nicht fortpflanzen zu können. Damit nämlich der Mais überhaupt jemals eine Chance bekam zu überleben, mussten die Kolben – so klein sie zu Beginn auch gewesen sein mögen – erst geöffnet und der Samen aus der wachsartigen Haut gelöst werden, bevor er mit dem Erdreich Kontakt aufnehmen konnte. Dieses Handwerk müssen die Ureinwohner Lateinamerikas mit so viel Hingabe und Erfolg ausgeübt haben, dass der Mais einst als das grösste Geschenk der Indianer an die Menschheit bezeichnet wurde. Ausgrabungen aus dem Inkareich weisen aber auch auf eine tiefe religiöse Verehrung dieses Getreides hin. Selbst auf den einfachsten täglichen Gebrauchsgegenständen sind Maisgöttinnen dargestellt, als Kennzeichen ihrer Würde eine Krone aus lauter kleinen Maiskolben tragend. In ihrem Glauben an dieses wunderbare Nahrungsmittel gingen die Indianer aber noch viel weiter: Sie waren überzeugt, der Mensch sei von den Göttern aus nichts anderem als aus Mais geformt worden. Ob sich gewisse Stellen vielleicht deshalb so weich anfühlen?

Wie immer alles geschehen sein mag, eines ist gewiss: Der Mais hat nicht nur Hungersnöte verhindert, nicht nur Unterdrückten die Not gelindert und nicht nur Bergvölkern die Armut erträglicher gemacht; das gemahlene sonnengelbe Getreide kann auch ausgesprochen glücklich machen, sofern nicht eine Polenta schon vorgekocht aus der Verpackung rieselt, sondern die Zeit des unendlich geduldigen Rührens zu heiteren Erkenntnissen führt.

Meine Polenta

In einem hohen Topf 7 dl entfettete Fleisch- oder Geflügelbouillon sowie 6 dl Milch zusammen aufkochen, vorsichtig salzen, 250 g Bramata (grob gemahlener Mais) einstreuen und bei milder Hitze unter ständigem Rühren mit einem Holzlöffel während mindestens 45 Minuten leise köcheln lassen. Zum Schluss je 50 g Butter und frisch geriebenen Parmesan (Reggiano) unter die noch leicht fliessende Polenta mischen und danach zugedeckt etwa 15 Minuten ruhen lassen. Vor dem Servieren die Grillstäbe im Backofen zum Glühen bringen. Die Polenta in eine flache Gratinform (oder individuelle Förmchen) füllen, mit Hobelkäse belegen, mit geschlagenem Rahm überziehen und kurz unter dem sehr heissen Grill gratinieren. Als einfaches Essen (zum Beispiel mit Salat) serviert, reicht die Menge für vier, als Beilage auch für sechs Personen.

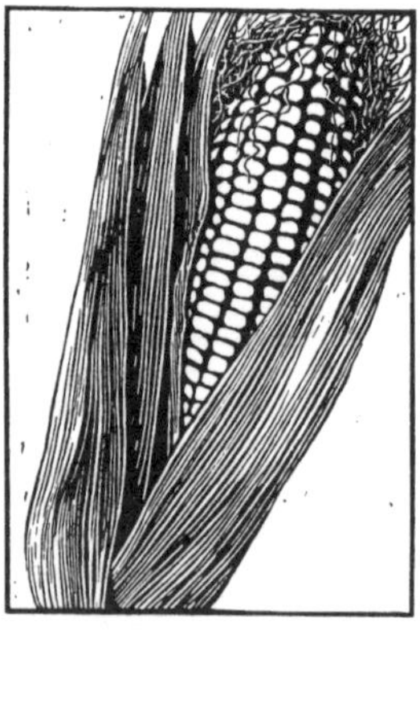

Der Orangeman

Einen Liebhaber von Orangen als einen Orangeman zu bezeichnen, wäre nicht nur ungewöhnlich, es hätte auch Folgen – es sei denn, man würde grundsätzlich darauf verzichten, alle Liebhaber von Früchtchen nach ihnen zu benennen …

Was aber ist nun ein Orangeman, den es scheinbar doch gibt und es sich zu allem Überfluss um ein Mitglied der 1795 gegründeten «Orange Society» handeln soll? Was um Himmels Willen konnte eine solche «Orange Society» zum Ziel haben? War es vielleicht doch nur ein verschleckter Herrenclub, neugierig darauf, alles über die süsse, wohlschmeckende *citrus sinensis* zu erforschen, um sie danach noch mehr zu lieben als zuvor? Natürlich nicht! Denn die damals geheim gegründete «Orange Society» war nichts anderes als die politische Heimat für all jene Streiter, die sich im Kampf gegen die katholische Emanzipation und für die englisch-protestantische Herrschaft über Irland besonders hervorgetan hatten. Doch weil es in dieser Geschichte weniger um die Niederschlagung des irischen Aufstandes 1690 durch Wilhelm III. von Oranien, als mehr um kulinarische Phantasien geht, ist mein Orangeman eben doch einer, der besonders gern Orangen mag. Und kommt es zu einer Anhäufung von solchen Liebhabern, bildet sich logischerweise auch eine Orange Society, eine sehr viel friedlichere allerdings und ausserdem eine, in der auch die Orangewoman ihren Platz hat.

Die Orangen haben eine faszinierende Entwicklungsgeschichte, auch wenn man sie nur fragmentarisch erzählt bekommt. Doch allein die Erkenntnis, dass ihre ursprüngliche Heimat in China liegen soll und sie ihre Wurzeln nicht, wie man vermuten könnte, auf tropischen Inseln hat, erstaunt. Noch überraschender aber ist ihr Alter; denn Biologen, die sich mit der erdgeschichtlichen

Vergangenheit beschäftigen, glauben, die Pflanze sei mindestens zwanzig Millionen Jahre alt. Da mag man sich fragen, wo sie bloss so lange geblieben ist, bis sie den Weg nach Europa fand. Denn erst im 1. Jahrhundert unserer Zeitrechnung sollen Orangenbäumchen von den Römern in Indien entdeckt und nach Italien gebracht worden sein. Eigenartigerweise hält die Geschichte über die Pflanze beim Zusammenbruch des Römischen Reichs für ein paar Jahrhunderte inne und erwähnt sie erst im 8. Jahrhundert wieder. Zu jener Zeit soll sie durch arabische Eroberer – von den Spaniern Moros genannt – auf die Iberische Halbinsel gelangt sein, von wo sie einige Jahrhunderte später von Kreuzfahrern nach Sizilien und weiter nach Italien und schliesslich in den Süden Frankreichs gebracht wurde. In der Neuen Welt hingegen wurden Orangenbäume erst gepflanzt, nachdem Kolumbus im ausgehenden 15. Jahrhundert Hispaniola entdeckt und gleichzeitig erkannt hatte, dass sich das gleichmässige Klima auf den Westindischen Inseln besonders positiv auf die Pflanze auswirkte. Seitdem blühen die Bäume auch auf den «Inseln unter den Winden», wie grundsätzlich überall dort, wo die wunderbaren Winterfrüchte von viel wärmender Sonne umarmt werden. Was sie gar nicht mögen, ist, von eisigen Winden geschüttelt zu werden oder Schneehäubchen tragen zu müssen, weshalb vor dem kuppelförmigen Schneehaus eines Eskimos wohl niemals Orangenbäumchen stehen dürften.

Salade à l'orange

Pro Person von 1–2 (kernlosen) Orangen mit einem scharfen Messer die Schale so dick wegschneiden, dass keine weissen Häutchen an der Frucht haften bleiben. Die Früchte in ungefähr ½ cm dicke Scheiben schneiden und in eine kleine Schüssel ordnen. In einem Pfännchen, je nach Zuckergehalt der Früchte, 1–2 EL Zucker golden caramelisieren lassen, mit 1½ dl Orangensaft ablöschen, das Mark von 2 Passionsfrüchten sowie ¼ Vanillestange zufügen und bei grosser Hitze so lange kochen, bis sich der Saft sirupartig reduziert hat. Gleichzeitig den weissen Schaum abschöpfen. Den Saft mit ein paar Tropfen Grand Marnier (oder Cointreau) aromatisieren und noch heiss durch ein kleines Sieb auf die Orangenscheiben giessen. (Die Früchte bitte nicht in den Kühlschrank stellen, sondern bis zum Servieren in der Küche stehen lassen.) Sollten Sie zufälligerweise (hausgemachte) kandierte Streifchen von Orangenschalen zur Verfügung haben, kann der Salat zum Schluss damit bestreut werden. Aber auch ein Löffel Crème fraîche lässt den schlichten Orangensalat zu einer echten Gaumenfreude werden.

Einäugige Schönheit

In China als heiliges Getreide verehrt, spielt ein kleines Korn im Reich der Mitte noch heute eine derart bedeutsame Rolle, dass ein Essen ohne Reis als eine einäugige Schönheit betrachtet wird.

Wie alle alten Kulturpflanzen, hat auch der Reis – *oryza sativa*, wie ihn die Botaniker nennen – eine lange Geschichte, in der seine ursprüngliche Heimat und sein Alter genau so umstritten sind wie die Wege, auf denen er schliesslich nach Europa gelangt ist. Zunächst ging die Wissenschaft davon aus, das Korn habe seinen Ursprung in China, wo es erstmals um 2800 v. Chr. angebaut worden sei. Doch Funde in einer Ausgrabungsstätte in Thailand belegen, dass das Reiskorn schon in der Zeit um 3500 v. Chr. bekannt gewesen sein muss. In Thailand? Wie wohl Chinas Volksseele auf diese neuen Erkenntnisse reagieren wird? Sie wird weiter an ihre eigene Wahrheit glauben, wonach die Entwicklungsgeschichte des Reisanbaus schon vor nahezu 5000 Jahren begonnen habe und auf den damals regierenden Kaiser Shen Nung zurückzuführen sei. In ehrfurchtsvoller Verehrung des Korns habe Shen Nung den Beginn jeder neuen Saatzeit zur Sache des Kaisers gemacht und als Erster die jungen Pflänzchen gesetzt. Mit diesem alljährlichen Ritual habe er die Saatzeit als eröffnet erklärt und den Reisbauern gestattet, dem Beispiel des Kaisers zu folgen. Nun besagt aber eine andere Wahrheit, nicht Kaiser Shen Nung – sofern es ihn überhaupt gegeben hat – habe die Menschen mit dem Reis bekannt gemacht, sondern die Inder, die Jahrtausende vor des Kaisers angeblicher Regierungszeit einen Vorläufer der Reispflanze angebaut und gegessen haben sollen …

Mit der Wahrheit ist es so eine Sache; gewiss ist nur, dass der Ursprung der Reispflanze in den Sümpfen Japans, Indonesiens sowie des ganzen asiatischen Raums liegt, und es Jahrtausende brauchte, bis das köstliche Getreide schliesslich von Sarazenen nach Spanien gebracht wurde. Nichts liegt näher als die Vermutung, das Korn könnte sich von dort in Windeseile über ganz Europa ausgebreitet haben. Doch in den nördlichen Ländern fand der Reis weder den geeigneten Lebensraum noch Liebhaber vor, und selbst den Schleckmäulern Frankreichs – die ohnehin nie zu Reisessern wurden und immer Brotliebhaber blieben – soll das Reiskorn das ganze Mittelalter hindurch unbekannt gewesen sein. In den Sonnenländern Spanien und Italien hingegen fand die Reispflanze schliesslich nicht nur das richtige Habitat, die Menschen beherrschten auch bald die Kunst der Bewässerung. Als dann in der aufblühenden Zeit der Renaissance die Reichen Italiens zur verfeinerten Lebensart fanden, und der Reis in der sumpfigen Poebene wunderbar gedieh, war die Zeit für jenes genussvolle Gericht «Risotto alla milanese» gekommen, das uns mitunter vergessen lässt, dass Reis noch heute für viele Völker das wichtigste Grundnahrungsmittel, oft gar das einzige Nahrungsmittel, überhaupt ist.

Natürlich wissen Sie längst, worauf es bei der Zubereitung eines echten italienischen Risottos ankommt: Es ist nicht nur die Qualität des Reiskorns entscheidend, es muss auch rund sein und so viel Stärke besitzen, dass es viel Flüssigkeit aufnimmt, wodurch das Gericht schliesslich seine typisch crèmige Beschaffenheit erhält. Wie aber muss man sich den idealen Zustand vorstellen? Eine italienische Mamma würde einen Risotto dann als perfekt gelungen bezeichnen, wenn er so sämig ist, dass er auf dem Teller Wellen wirft – wofür die Mamma auch einen besonders phantasievollen Ausdruck kennen würde: «Risotto all'onda»

Risotto «All' onda»

Für 2 Personen: Je 1 klein geschnittene Frühlingszwiebel und Knoblauchzehe in Butter (oder feinstem Olivenöl) zu goldener Farbe anziehen, 1 kleine Tasse Rundkornreis sowie 1 Thymianzweiglein zufügen, mit 3 Tassen mässig gesalzener Bouillon auffüllen und zugedeckt bei kleiner Hitze während 20 Minuten garen, wobei es durchaus sein kann, dass Sie etwas mehr Bouillon zufügen müssen. Danach ½ dl Weisswein und 1 Msp. Safran untermischen und den Reis neben dem Herd zugedeckt ungefähr 10 Minuten ruhen lassen. Zurück auf dem Herd, das Thymianzweiglein entfernen, danach bei grosser Hitze das Fleisch von 2 geschälten, entkernten und feinst gewürfelten gelben (oder roten) Tomaten zufügen und den Reis mit 1 EL Parmesan und einem grosszügigen Stück Butter «all'onda» rühren.

Die Strasse von Dover

Je nach Grösse, Anlage und Funktion dient eine Strasse der Beförderung von Gütern, Mensch und Tier; sie verbindet Dörfer und Städte, Bauernhöfe und Äcker. Ist die Strasse schmal und eingebettet zwischen Gärten, Bäumen oder Wiesen, eignet sie sich sogar zum Bummeln, Plaudern und Spielen. Strassen sind vor allem auch Teil der Geschichte, und selbst wenn wir uns nicht dafür interessieren – allein schon von den Bernstein- und Salzstrassen, den Königs- und Heeresstrassen, der Seidenstrasse und der Strasse der Inkas, der Karawanenstrasse und der Römerstrasse zu hören, macht uns weise, wozu diese Verkehrswege einmal gedient hatten.

Nun gibt es aber Strassen, von denen wir uns nicht vorstellen können, dass sie auf dem Bauch, dem Rücken oder auf der Seite liegend überwunden werden können, es sei denn, wir denken an Wasserstrassen, die auf wundersame Weise Meere verbinden. Eine dieser Meeresstrassen birgt zur Freude vieler Feinschmecker sogar ein kulinarisches Geheimnis, und damit meine ich die Strasse von Dover und das hohe Ansehen der dort gefangenen Seezunge.

Grundsätzlich hat die Seezunge ihr Zuhause im Atlantischen Ozean, macht aber gern Abstecher in die Nebenmeere wie in das Mittelmeer, in die Nord- und Ostsee sowie in den Ärmelkanal. Dort, zwischen Cornwall und der Bretagne, wo die Meeresstrasse am engsten ist und gerade nur so viel Raum bleibt, dass die Gezeitenströme durchfliessen können, hat sich der Schwimmer mit dem schlanken, flachen Körper seinen Namen erworben. Nicht etwa, weil er in jenem Gewässer in besonders hoher Zahl vorkommt oder sich durch andere Merkmale oder ein anderes Verhalten als das für die Familie der *soleidao* typische auszeichnen würde. Nein! Hinter der Bezeichnung Dover-Seezunge liegt eine einfache, aber wunderbare Geschichte, die alles Geheimnisvolle verliert, wenn man den Menschen entlang den steilen, weissen Kreidefelsen beim Erzählen zuhört. Sie sind überzeugt, dass das weisse Fleisch und der grosse Wohlgeschmack des Fisches aus ihren Gewässern nicht nur mit seinen lukullischen Freuden an kleinen Krebstieren und Muscheln zu tun hat. Was die über alle Ozeane hinaus berühmte Dover-Seezunge auszeichne, liege seit Generationen in der Haltungstugend der heimischen Fischer begründet. Nicht nur hätten die Söhne von ihren Vätern gelernt, die echte Seezunge von der in der Nordsee überaus zahlreich vorkommenden Rotzunge zu unterscheiden – was gar nicht so einfach sei, würden sich die beiden Fische doch sehr ähneln – auch hätten sie gelernt, dass es sich zu keinem Zeitpunkt lohnt, Menschen auf irgendeine Weise irrezuführen. Was aber lernen wir aus dieser Geschichte? Vielleicht, dass es dabei gar nicht so sehr um den typischen Winterfisch und insbesondere um die Dover-Seezunge geht, als vielmehr um die Erkenntnis, dass die Qualität aller Dinge immer nur in der Wahrheit liegt. Doch gerade was sich ähnlich sieht, eignet sich natürlich besonders gut für verwegene Verwirrspiele – sowohl unter als auch über dem Wasserspiegel!

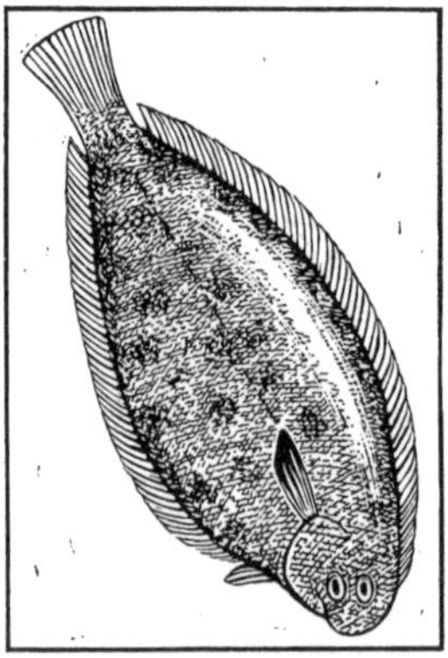

Ganze Seezunge im Ofen

Für 2 Personen benötigen Sie ein Seezunge von etwa 500–600 g, ohne Haut, Kopf, Schwanz und Randgräten gewogen, was heisst, dass die doch etwas schwierige Arbeit der Vorbereitung schon vom Fachmann erledigt wird. Danach gehen Sie wie folgt vor: Den Ofen auf 175 °C vorheizen. Eine Gratinform, die so gross ist, dass der Fisch gut darin Platz findet, grosszügig buttern. Die Form mit je 1 EL sehr fein geschnittenen Schalotten, fein gewürfelten (geschälten und entkernten) Tomaten sowie Champignonwürfelchen ausstreuen, mit gezupften Thymianblättchen und einer Spur geriebener Zitronenschale aromatisieren, mit Salz und frisch gemahlenem weissem Pfeffer würzen und alles auf dem Herd kurz anziehen. Den Fisch vorsichtig salzen, auf das würzige Bett legen, mit je 2 EL Weisswein und Fond umgiessen und mit Butterflocken belegen. Die Form in die Mitte des Backofens schieben und den Fisch unter gelegentlichem Übergiessen mit dem kleinen Fond so lange garen, bis sich das Fleisch an den Gräten noch ganz leicht rosa zeigt. Den Fisch vor dem Ablösen der Filets noch ungefähr 5 Minuten – zugedeckt mit einer Alufolie – auf der offenen Backofentür ruhen lassen. Die Filets danach sorgfältig von den Gräten lösen, auf heisse Teller legen und mit restlichem Fond – sofern überhaupt noch etwas davon übrig geblieben ist – oder mit feinstem Olivenöl und ein paar Tropfen Zitronensaft beträufeln.

Die Sprache in der Küche

à la nage
ist eine Zubereitungsart, die vor allem bei Fischen oder Meeresfrüchten (seltener bei Geflügel oder Fleisch) zur Anwendung kommt. Das jeweilige Produkt wird in einem höchst aromatischen Fond gegart und danach wie eine kleine Suppe serviert.

Blanchieren
meint grundsätzlich das kurze Überbrühen in kochendem Wasser. Das können zum Beispiel Knochen sein, die erst ein sprudelndes Reinigungsbad überstehen müssen, bevor sie für eine Bouillon, einen Fond oder Jus verwendet werden können. Blanchiert wird gelegentlich aber auch ein Gemüse, das vor dem Servieren dann nur noch in Butter geschwenkt werden muss.

Brunoise
dieser Begriff steht für feinste Würfelchen in der Grösse von etwa 3 mm und dient in gewissen Gerichten sowohl der Ästhetik als auch dem Geschmack.

Brutzelnde Butter
oder: «Laissez le beurre chanter»! Damit ist jener Zustand der Butter gemeint, wo sie durch langsames Erhitzen zu brutzeln und tanzen beginnt und mit ihrem «Singen» anzeigt, dass sie den unwiderstehlich schönen Wohlgeschmack von Haselnüssen endlich erreicht hat.

Dariolleförmchen
sind kleine Becher- oder Eierförmchen und dienen vor allem zum Garen von Fisch- oder Gemüseköpfchen im Wasserbad.

Dünsten

ist eine Garmethode, unter der man das sanfte Garen bei kleiner Hitze im eigenen Saft versteht, was vor allem bei einem Gemüse zur Anwendung kommt.

Durch ein Sieb passieren

von Suppen oder Saucen ist gelegentlich aus praktischen Gründen, oft aber auch aus Liebe zum Detail angebracht. Um ein Püree zu verfeinern, wird es mit der Rundung eines kleinen Schöpflöffels durch ein feines Drahtsieb gestrichen.

Eiswasserbad

setzt sich aus Wasser und Eiswürfeln zusammen und dient zum Beispiel dazu, eine Crème durchzukühlen oder bei blanchiertem Gemüse augenblicklich den Garprozess zu stoppen.

Eiweiss schlagen

ist ein Kinderspiel, wenn man weiss, worauf es ankommt: Zum einen muss die Schüssel, in der das Eiweiss geschlagen wird, absolut sauber und fettfrei sein, zum anderen sollten Sie während des Schlagens ein paar Tropfen Zitronensaft oder eine Prise Salz zufügen – wie von Zauberhand entstehen die schönen, weissen Spitzen, von denen Sie bis anhin vielleicht nur träumen konnten!

Fond oder Jus

werden meist aus Knochen (Kalb, Kaninchen, Geflügel oder bei Fischen aus Gräten) hergestellt und bilden die Basis für allerlei Saucen von grossem Wohlgeschmack. Der Aufwand hält sich durchaus in Grenzen, zumal wenn es an einem Regentag nichts Schöneres zu tun gibt, als aus

Knöchlein, Röstgemüse, Kräutern und Gewürzen auf Vorrat einen Jus herzustellen. Doch wo es die Werbung an Regentagen regnen lässt …

Geklärte Butter
wird vor allem dort eingesetzt, wo frische Butter zu langer Bratzeit oder zu grosser Hitze ausgesetzt ist, wie zum Beispiel beim Anbraten von Fleisch. Wie Butter geklärt wird, steht auf Seite 188 geschrieben.

Goujons de …
wird meist im Zusammenhang mit der Seezunge genannt: Das Seezungenfilet wird schräg in etwa 2–3 cm breite Streifen geschnitten, die Streifen gewürzt und in Mehl gewendet, mit der flachen Hand gerollt und danach kurz in einer Butter-Öl-Mischung sautiert.

Julienne de …
steht für ein Produkt, das in mehr oder weniger breite Streifen geschnitten wurde.

Leise köcheln lassen
sagt genau, was es meint. Denn so richtig brodeln sollte es in Töpfen nur, wenn es darum geht, Teigwaren zu kochen oder ein Produkt kurz zu blanchieren. Nur verstehen Sie mich bitte nicht falsch: selbstverständlich muss am Beispiel von Spargeln das Wasser erst zum Kochen gebracht werden, bevor das feine Gemüse gegart werden kann. Ein anderes Beispiel hingegen zeigt, wie wichtig es ist, gewissen Produkten Zeit und die Möglichkeit zu geben, seine Aromen und Düfte voll zu entwickeln. Denken Sie nur an ein Karottengemüse: frische Butter, eine Prise Salz, je eine Spur Zucker und frisch gemahlenen Koriander, zugedeckt

im eigenen Saft bei kleiner Hitze gegart – wer wollte angesichts solcher Gaumenfreuden die Methode des Leisecköcheln-lassens nicht begreifen!

Linsen aus Le Puy
sind kleine grüne und äusserst delikate Linsen aus der Region um Le Puy, der Hauptstadt des französischen Départements Haute-Loire.

Rahm schlagen
ist dann ein riskantes Unterfangen, wenn der wichtigste Ratschlag nicht befolgt wird. Für ein tadelloses Resultat von geschlagenem Rahm mit «Halt» ist es nämlich absolut unerlässlich, nicht nur den Rahm, sondern auch die Schüssel (aus Porzellan oder Edelstahl) erst ganz kalt zu stellen, bevor man mit dem Schlagen beginnt. Welch' ein Unterschied zu jener flockigen, untauglichen Geschichte aus dem küchenwarmen Gefäss!

Sautieren
heisst, ein klein geschnittenes Produkt (meist aus Fleisch, Geflügel, Pilze, gelegentlich auch aus einem Gemüse) in einer möglichst weiten Bratpfanne in einer brutzelnden Butter-Öl-Mischung unter ständigem Bewegen der Bratpfanne sekundenschnell zu braten.

Sirupartig
bedeutet, eine Sauce so lange zu reduzieren, bis sie schwer vom Löffel fällt.

Vorsichtig salzen
ist in meinen Rezepten ein Hinweis, der kaum in einem Satz auf den Punkt gebracht werden kann, und dennoch

will ich es versuchen: Produkte von guter Qualität besitzen so viele Eigenaromen und Mineralsalze, dass es eigentlich beim Würzen nur immer darum geht, ihre natürlichen Inhalte mit einem Kräutlein, einem Gewürz oder ein paar Tropfen Zitronensaft zu unterstützen, beziehungsweise harmonisch abzurunden – und somit zu begreifen, dass im Umgang mit Kochsalz mehr Zurückhaltung geübt werden sollte, als einem vielleicht lieb sein mag!

Produkte-Register